열린교육혁신을 위한

공개교육자료 OER

Open Educational Resources

신나민 · 신하균 · 장상현 · 메루에르뜨 아쓸베코바
박종향 · 김수연 · 김솔 · 장다솜 · 전명운 공저

박영story

머리말

오이알(OER)이란?

'OER'이라는 용어는 교육학 전공자들에게도 생소할 것이다. 이 약어를 풀어 쓰면 Open Educational Resources, 직역하면 '공개교육자료'이다. 교육자료는 배울만한 가치가 있는 정보의 집약이다. 여기서 교육자료는 단순히 강의, 교과서, 교재, 참고자료 등을 넘어서 그것을 활용하는 방법, 즉 교수-학습 방법까지 포함하는 의미이다. 따라서 교육자료를 개방한다는 것은 누구나 배울 수 있도록 자료와 방법을 공개하자는 일종의 사회 운동이라고 할 수 있다. 혹자는 이를 미래 교육의 지평을 바꿀 수 있는 '혁신'이라고까지 평가한다. 어떤 의미에서 이렇게 말할 수 있을까? 이 의미를 논의하고 공유하기 위한 작업이 본서를 발행하게 된 목적이다.

소유의 시대에서 공유의 시대로

교육자료를 공개한다는 것이 주목을 받는 것은 거꾸로 교육자료에 접근할 수 있는 이가 소수에게 배타적으로 국한되었던 시절이 있었음을 반증한다. 주로 문자 세계를 먼저 접한 사제나 권력에 있는 일부 식자층이 자기 계급의 재생산을 위해 교육자료를 만들고 그들의 모임에서만 소비했었다. 움베르트 에코의 소설 '장미의 이름'[1]은 자료의 배타성이 얼마나 무시무시한 이야기를 낳을 수 있는지를 은밀하게 보여준다. 시민 사회 이후 문해율이 높아지고 교육이 기관화되면서 학교나 대학이 교육자료 배포의 기능을 주도하게 되었다. 그리고 일부 시민이 교육자료에 접근하게 되면서 교육기회의 민주화가 사회적 쟁점으로 떠올랐다. 하지만 여전히 교육자료는 교육기관이나 교수자가 제공하거나 다루는 자료를 의미했고 학습자는 교육자에 의해 선정된 자료를 충실히 소비했었다. 이것도 교육기관에 접근이 가능하고 경제력 있는 학습자에게 국한된 일이었다. 이렇게 소비되었던 교육자료가 이제는 무료로 널려 있는 시대가 되었다. 심지어 인터넷, 스마트폰, SNS, 정보 공유를 가능하게 하는 앱(App) 등을 통해 서로 자신의 자료가 우수하니 한번 봐 달라고 잠재적 학습자에게 홍보를 해야 할 지경에 이르렀다. 자료의 가치가 배타적 소유가 아니라 공유의 크기에 의해 담보되는 시대가 온 것이다.

OER에 관한 모든 것

본서는 OER과 관련된 쟁점과 논의를 최대한 정리하고 아직 충분히 알려지지 않은 OER의 의미를 학계나 관심 있는 이들과 공유하자는 취지에서 기획되었다. 따라서 전 장이 OER에 관한 것이지만 각 장이 각기 다른 저자에 의해 집필되었으므로 독자의 관심사에 따라 독립적으로 읽어도 무방하다. 제 1장에서는 OER의 교육적 함의 및 연구 동향을 살펴본다. OER의 교육적 함의는 원격교육, 평생교육, 학교교육, 그리고 교사교육과의 관련을 중심으로 정리하였고, OER의 국제적 연구동향은 비용, 결과물, 활용, 인식이라는 네 가지 주제로 나누어 살펴보았다. 제 2장에서는 OER의 개념 출현 및 유사 용어들 그리고 향후 전망 등을 개괄하였다. 제 3장에서는 OER의 국내 현황을 살펴보며 앞으

1) 움베르트 에코(저), 이윤기(역), 1986, **장미의 이름**, 열린책들.

로 OER이 교육계에 어떤 영향을 가져올지를 전망하였다. 제 4장에서는 아시아 개발도상국의 교육지원 사업으로 추진 중인 아세안 고등교육 OER 플랫폼 제작에 대한 프로젝트를 소개한다. 이를 통해 국경을 넘어 이루어지는 교육자료 공유의 실제 사례와 그 의의를 살펴볼 수 있다. 제 5장은 미국 K－12 교육에서 가장 모범적인 OER 사례로 꼽히는 칸 아카데미를 살펴보고 그 성공 요인을 분석한다. 제 6장에서는 OER이 단순히 교육자료를 공개하는 것이 아니라 교수－학습 실천을 바꾸는 운동이므로 공개교육실천, 즉 OEP(Open Educational Practices)라는 개념과 함께 OER을 활용한 수업사례와 전략을 고찰한다. 제 7장에서는 OER을 기술적으로 구현해 주는 플랫폼의 종류 및 구성에 대해 살펴본다. OER이 원하는 이에 의해 적절히 활용되기 위해서는 자료 제공자와 수요자를 만나게 해주는 잘 제작된 OER 플랫폼이 필수적이다. 제 8장은 OER의 가장 보편적인 형태로 떠오르고 있는 동영상 자료를 개인 교수자가 간단히 제작하는 방법에 대해서 살펴본다. 이 부분은 플립드러닝의 실천이 확산됨에 따라 교수자들이 가장 필요로 하는 기술과 역량이기도 하다. 제 9장은 OER과 관련된 저작권 문제를 다룬다. 저작권은 OER을 생산, 배포, 활용하는데 있어 사용자가 반드시 숙지해야 할 주제라고 할 수 있다. 마지막으로 제 10장은 OER의 질관리에 관한 것이다. 다른 모든 교육자료와 마찬가지로 공개교육자료도 그 질적인 수준이 보장될 필요가 있다. 공개교육자료에서의 질관리는 어떻게 이루어져야 하는지, 그 논의를 살펴볼 수 있다.

열린교육혁신

그리 신선한 모토는 아니지만 OER의 출현과 전망을 요약하는 데 가장 적합한 문구라고 생각하여 이 책의 제목이 되었다. OER의 첫 번째 정신은 오픈, 즉 공개와 개방성이다. 부족함이 많은 책이지만 우리의 생각을 공개하고 세상의 소리를 듣는 것이 공개의 의의라고 믿는다. 그리고 저자들은 모두 지식은 나눌 때 그 가치가 커진다는 가치에 공감하고 이 책이 이런 논의를 확산하는 데 있어 거름이 되기를 희망한다. 약 2년에 걸쳐 적극 협조해 주신 모든 저자 분들에게 감사드린다. 특히 편집과 출판 과정에서 많은 수고를 해 주신 신하균 선생님 그리고 박영사 이영조 팀장님과 배근하 대리님께 감사의 말씀을 전하고 싶다.

2018. 3. 15

저자들을 대표하여 신 나 민

Open Educational Resources

차 례

제4장 | 아세안 고등교육 OER 플랫폼 장상현 & 김수연

제5장 | 미국 K-12 교육에서의 OER 현황 메루에르뜨 아쓸베코바 & 김수연

제6장 | OER을 활용한 수업사례와 전략 박종향

제7장 | OER 플랫폼의 구성 김수연

제8장 | 교육용 동영상 제작 방법 김 솔

제9장 | OER 관련 저작권 바로 알기 장다솜

제10장 | OER 질관리에 대한 탐색 전명운

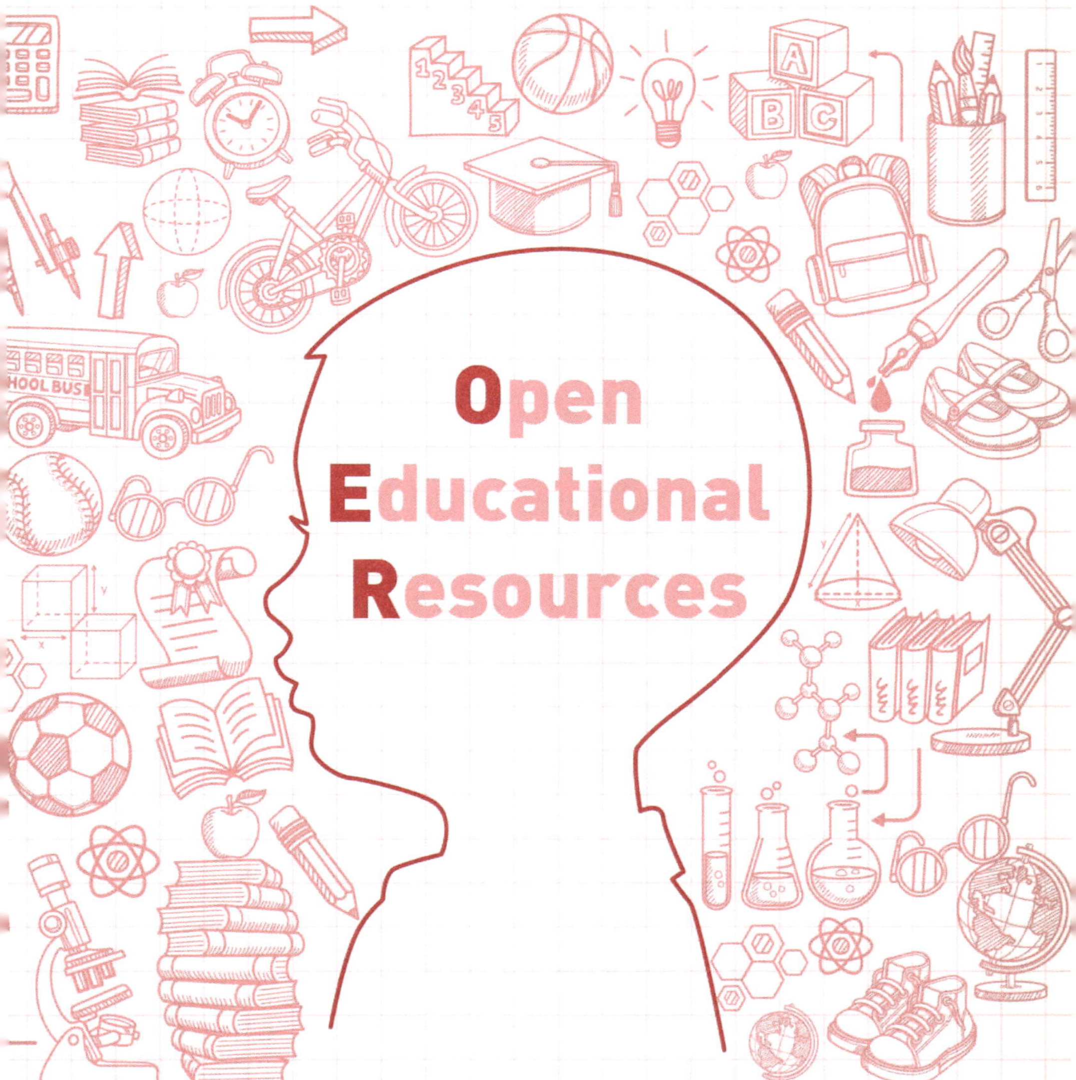

제1장

OER의 교육적 함의 및 연구 동향

Open Educational Resources

제1장

OER의 교육적 함의 및 연구 동향

신나민

OER의 개발 및 활용은 초·중등교육과 고등교육, 대면교육과 원격교육 그리고 형식교육과 비형식 교육 장면을 아우르는 다양한 교육 실천에 영향을 줄 수 있다. 이 장에서는 OER이 갖는 교육적 함의를 원격교육, 평생교육, 학교교육, 교사교육 분야로 나누어 살펴본다. 그리고 비교적 짧은 연구 역사이지만 OER에 대한 연구물들을 Bliss와 그 동료들(2013)이 제시한 네 가지 주제(COUP), 즉 비용(Cost), 결과(Outcome), 활용(Usage), 인식(Perceptions)을 중심으로 고찰한다.

1 왜 OER인가?

OER은 그 개념 출현 자체가 일종의 사회 운동의 성격을 갖는다. 쉽게 말하면, 교육 자료가 없어서 혹은 특정 지식 체계에 접근하지 못해서 교육적 혜택을 보지 못하는 이들이 없도록 하자는 것이 OER의 기본 정신이라고 할 수 있다. 이는 2002년 유네스코 회의에서 이 용어가 제시된 후 2012년에 이루어진 파리 OER선언(Paris OER Declaration)에서 각국 정부가 OER을 촉진하고 사용할 것을 권고하는 데서 구체적으로 드러난다(Mishra & Kanwar, 2015). 실제로 교육 자료 공개와 공유는 한 국가 내의 개인과 기관 차원뿐만 아니라 국경을 넘어 국가 간에도 이루어질 수 있다. 이는 거의 대부분의 OER이 디지털 자료로 제작되어 공개와 공유가 일단 기술적으로(국가마다 상이한 수준이겠지만) 가능하기 때문이다.

따라서 OER의 핵심은 교육자료의 개방성(openness)에 있다고 할 수 있다. OER의 맥락에서 이 개방성이라는 개념은 스위치의 온/오프 같은 이분법적인 개념이 아니라 공개의 정도를 다양화하는 디머(dimmer) 스위치와 같다(Hilton et al., 2010). 즉, 자료마다 이용 허락 혹은 라이센스(licence)에 따라 자료 개방의 정도와 사용자의 권한이 달라지는 것이다. 또한 공유되는 자료에는 단순히 내용 지식뿐만 아니라 '그 자료를 활용하여 어떻게 가르칠 것인가'라는 교수법 실천에 관한 것도 모두 포함된다. 실제로 새로운 OER의 활용은 교육 방법 및 실천에 상당한 변화를 가져온다(Kwak, 2017).

또한 OER의 개방성 개념은 접근성(access)과 맞닿아 있다. 즉, OER은 교육 제공자나 기관뿐만 아니라 학습자가 교육 자료 접근에의 권한을 개별적으로 가질 수 있게 한다는 점에서 큰 의의를 가진다. 실제로 국내에서는 OER을 영어 의미 그대로 "공개교육자료"(김경숙, 2010) 혹은 "공개교육자원"(박정호, 강장묵, 2011)으로 번역하는 경우가 대부분이나 "학습 자원 공유"(김자미, 구양미, 이원규, 2015)라는 표현도 쓰이고 있다. 그런데 OER의 철학과 그 의미를 적절하게 전달하기 위해서는 자료냐 자원이냐 하는 문제보다는 교육과 학습, 공개와 공유 간의 의미와 입장 차이에 대해 더 많은 논의가 필요할 것으로 보인다.

2 OER의 교육적 함의

OER이 교육계에 미치는 파급 효과는 적지 않다. 그리고 그 교육적 영향도 교육 대상자의 층위와 수준, 분야에 따라 다양하게 나타날 것이다. 여기서는 앞서 제시한 네 분야에 한정하여 OER의 교육적 함의를 살펴본다.

가. OER과 원격교육

OER의 개방성 개념은 잉태에서부터 개방성과 공식 학습의 유연성을 표방해온 원격교육의 이념과 철학에 정확히 부합하는 것이다(Bates, 2005). 따라서 원격교육의 입장에서 바라보는 OER은 그리 새로운 개념이 아니다. 그럼에도 불구하고 OER의 등장은 원격교육 기관들이 교육에의 접근성 관점을 넘어 평등성을 고려해 보게 하는 좋은 기회를 제공해 주고 있다. 즉, 학생의 입장에서 평등성이란 단순히 교육 기회에 접근하는 것을 넘어 접근, 참여, 그리고 결과물에까지 고려되어야 민주적 사회에서의 교육 평등성이라고 할 수 있다는 것이다(Willems & Bossu, 2012)

여기서 주목해야 할 점은 지금까지의 원격교육이 교육 소외층을 위한 교육 기회 확대에 주력했다면 OER 이후에는 누구에게나 양질의 혹은 원하는 교육 자료에의 접근이 얼마나 용이하고 가능한가로 관심이 이동했다는 것이다. 따라서 OER 등장 이후 원격교육 기관들은 아예 처음부터 기관에 등록하지 않은 대중에게 무료로 공개하기 위한 목적으로 교육 코스나 자료를 개발하기도 한다. 그 대표적인 예인 네덜란드 오픈 유니버시티와 영국 오픈 유니버시티의 경우를 살펴보자.

네덜란드 오픈 유니버시티(Open Universiteit Netherland: OUNL)는 2006년부터 2008년 사이에 공식 교육과 비공식 교육 간의 간극을 줄이기 위한 노력으로 OpenER이라는 실험적 프로젝트를 실행하였다(Schuwer & Mulder, 2009). 이 프로젝트는 네덜란드 교육, 문화, 과학부와 복지부 그리고 윌리엄, 플로라-휴렛 재단으로부터 약 660,000파운드를 지원받아 각각 25시간의 학습 시간을 가진 24개의 코스를 개발하였다. OpenER의 특징은 다음과 같다(Schuwer & Mulder, 2009: 69).

- OpenER은 융통적이고, 열려 있고, 시간 독립적이고 쉽게 접근 가능하다. 네덜란드에서는 노동 강도가 높기 때문에 학습을 위한 공간을 찾는 것이 어려워지고 있다.
- OpenER은 학습자들이 시간과 노력을 투자하도록 요구한다. 그러나 다른 비용을 수반하지 않는다. 내용은 자신이 접근할 수 있고 학습 교재들도 살 필요가 없다.
- OpenER은 테크놀로지의 활용 덕분에 단순하고 학습자들이 사용하기에 비싸지 않다.
- OpenER은 개인에게 당장의 경제적 투자 없이 고등교육 수준의 학습을 경험해 볼 수 있는 기회를 제공한다. 이는 중간 수준의 직업 학생들에게 좋은 소식이다.
- OpenER은 이러닝을 사용하는 목적과 양립 가능하다.

이 실험적 프로젝트의 결과, 2006년부터 2008년까지 이 사이트에 방문한 숫자가 75만 명이 넘었고 5700명의 사용자들이 자발적으로 등록하였다. 그리고 무엇보다 중요한 것은 OUNL 내부 교수진들의 태도가 극적으로 바뀌었다는 것이다. 초기에는 무료 코스를 제공하는 것에 대하여 학내 저항이 있었다. 그러나 방송 미디어들이 이 프로젝트에 긍정적으로 주목하고 코스 웹 사이트의 방문자가 많아지면서 이러한 태도는 긍정적으로 바뀌었다. 이제 OER용 무료 강좌는 단과대학이 선택하고 개발하는 것으로 정리되었다. 그리고 미래에는 무료 코스를 개설하는 것이 학교를 위한 정기적 업무가 되어야 한다고 전망한다(Schuwer & Mulder, 2009).

영국 오픈 유니버시티(Open University: OU)는 최초의 단일 모드 원격교육 기관으로써 원격교육의 확산 및 세계 각국의 오픈 유니버시티의 모델이 된 대학이다(신나민, 2007). 이러한 전통에서 볼 때 OER은 OU가 자신의 개방성을 재활성화 하는 데 촉매제가 될 수 있다고 평가된다(Gourley & Lane, 2009). 2006년에 시작된 OpenLearn 실행 계획은 다른 많은 OER 제공자들과는 다른 접근법을 취한다. 즉, 지금까지 다수의 OER은(심지어 네덜란드 OU조차) MIT의 OCW 모델을 따랐다는 것이 OU의 평가이다. 즉, OU와 같은 원격교육기관의 입장에서 볼 때 다수의 OCW는 학습에의 자신감이나 공식 교육 경험이 없는 사람들이 쉽게 접근하거나 이해하기 힘들다는 것이다. 따라서 OU와 같은 원격교육기관에서 개발, 제공하는 OER은 OCW와 같이 교사나 튜터가 관련되는 교실 중심 접근을 지양하고 학습자가 자율적으로 학습할 수 있는 진정한 원격학습을 지원할 수 있어야 한다는 것이다.

이런 취지에서 출발한 OpenLearn 실행 계획은 첫째, 고등교육 경험이 없거나 교실 기반 교육을 받아보지 않은 집단에게 접근을 향상시킬 수 있다. 둘째, 양질의 자습용 OER은 교사가 교수 활동을 위해 개발한 것을 대체할 수 있거나 교육 자원이 적은 곳에서 보완재가 될 수 있다. 그리고 전문가 집단이 개발한 자원은 개인이 혼자 개발한 자료보다 질이 높을 가능성이 높다. 또한 교사가 자원을 개발해서 써야 한다(교사-중심)는 부담에서 벗어나므로 더 많은 시간을 학습을 지원하는 데 사용할 수 있다(학습자-중심)(Gourley & Lane, 2009).

이 밖에도 OpenLearn 실행을 통해 OU는 외적으로는 웹 존재감과 e-가시성을 높이고 대학을 열린교육과 웹 기반 학습의 전방에 위치하게 했다고 평가한다. 또한 내부적으로는 검색 엔진을 최적화하고 소셜 미디어 마케팅을 가능하게 하여 시청각 콘텐츠를 유튜브에까지 탑재할 수 있게 했다. 이런 변화와 활동은 OER 운동이 일시적인 유행이 아니라 OU가 궁극적으로 지향해야 할 바이며 원격교육을 넘어 고등교육 전체의 지형을 바꿀 수 있는 교육적 노력임을 암시한다.

나. OER과 평생교육

OER이 갖는 평생교육적 함의는 무궁무진하다. 평생교육의 측면에서 볼 때 OER은 학교교육과 학교밖 교육 그리고 형식적 학습과 비형식적, 무형식적 학습 사이의 간극을 줄이는 데 기여할 것으로 기대된다(OECD, 2007a). 일단 대학과 같은 기관에서 제공하는 OER 서비스를 통해 일반인들도 수준 높은 교육적 자료를 거의 무료에 가까운 비용으로 접근 가능하게 되었다. 해외 유수대학과 국내 대학들에서 제공하는 OCW 자료들이 이러한 기능을 하는 OER의 대표적인 예라고 볼 수 있다. 또한 최근에는 좀 더 적극적으로 대학의 평생교육센터에서 일반 시민을 위해 OER 자료를 제공하는 허브(hub)의 기능을 하기도 한다. 예를 들어, 영국 리스터대학(University of Leicester)의 OER 저장소를 살펴보면 최근에 출간된 OER들이 계속 소개되고 있고 이 자료에는 코스 패키지가 pdf, rtf, HTML 형태로 다운로드 받을 수 있게 되어 있다. 그리고 영국의 다른 OER 저장소들에 대한 링크도 함께 있어 상당히 광범위한 OER 서치를 가능하게 해준다.

〈그림 1-1〉 영국 리스터 대학 OER 저장소

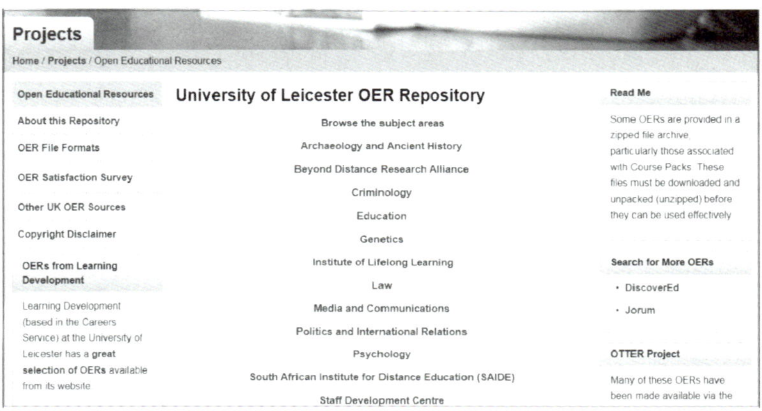

출처: https://www2.le.ac.uk/projects/oer/university-of-leicesters-oer-repository

교육 자료의 개방과 공유는 개인적 수준에서 일어나는 평생학습의 측면에서도 또 다른 국면을 열어 줄 것으로 기대된다. 지식 기반 사회에서 고용주가 요구하는 기술 수준이 지속적으로 높아지고 개인의 경력 순환이 짧아지는 경제적 현실은 평생학습이 선택이 아니라 필수가 되어감을 말해준다(OECD, 2007b). 특히 학습 기회의 분배가 불균등한 현실에서 OER의 출현은 형식 교육에 의존하지 않더라도 개인이 원하는 학습 자료에 접근할 가능성을 높여주었다. 문제는 이 접근성의 확대가 진정한 학습에의 접근성으로 이어지는가 하는 문제이다.

사실 현대인들은 학습 자료가 없어서가 아니라 너무 많은 정보와 자료 때문에 부담을 느낄 정도이다. 따라서 자료가 가능하다는 것이 그것을 직접 사용한다는 것을 의미하지는 않는다. 이런 논리는 OER에도 적용될 수 있다. 따라서 연구자들은 OER이 진정으로 개인의 평생학습에 기여하기 위해서는 학습자들이 커뮤니티를 통해 OER에 접근하고 평가하고 다시 공유하는 문화에 참여할 필요가 있음을 제안한다. 예를 들어, 관리(management) 교육과 훈련 영역에서 OER 자료를 제공하는 오픈 스카웃 사이트(www.openscout.net)는 이 주제에 관심 있는 전문가나 학습자들이 자료를 찾고 발견, 다운로드하고 재사용, 평가하고 코멘트, 다시 통합 그리고 공유, 이런 네 단계를 통해 OER의 적절한 사용에 참여하도록 도와주는 서비스 모델을 제시한다(Mejeryte-Narkevicience, 2011).

또한 OER은 더 적극적인 의미에서 커뮤니티 학습을 가능하게 해 줄 수 있다. 예를 들어, Scanlon(2012)은 호주 사회에서 과학 학습을 위해 OER을 사용하는 커뮤니티를 시민 과학의 관점에서 분석한다. 즉, 일반 시민들이 과학 학습을 위해 OER을 사용하는 커뮤니티를 구성하고 탐구를 도와주는 도구들을 공유함으로써 OER이 갖는 개방성의 가치를 실현하는 것이다. 이런 실천은 OER의 활용이 단순히 개인의 흥미에 따른 평생학습 차원을 넘어 사회적 통합을 위한 교육 방법이 될 가능성을 시사한다(OER Commons, 2007).

그리고 좀 더 미시적인 수준에서는 성인이 평생학습 프로그램에서

OER 자료에 접근하고 취사선택하고 실제로 활용하는 데 요구되는 디지털 리터러시에 대한 관심과 연구가 요구된다. OECD(2007b)의 조사에 따르면 OECD 회원국 가운데 표집된 12개국 성인 인구의 4분의 1이 국제 성인 리터러시 수준의 5분의 3에 미치지 못한다고 한다. 즉, "모두를 위한 평생학습"이 가능하기 위해서는 성인들의 디지털 리터러시(digital literacy) 능력이 재고되어야 한다. 디지털 리터러시란 "고용, 학습, 자기 계발과 사회참여를 위해 ICT를 사용하는데 필요한 기술적 역량의 습득"을 가리킨다(Navarrete & Lujan-Mora, 2016: 389).

특히 인구가 급속히 노령화되는 시점에서 노인들이 웹이나 모바일에 접근하는 데 장애물이 되는 디자인은 OER 플랫폼 설계 시 충분히 고려되어야 할 문제이다. 실제로 노인들의 OER 활용에 있어 가장 큰 도전은 자료를 찾고 학습 관련성을 평가하고 선택하는 데 너무 많은 시간과 노력이 든다는 점이다(Navarrete & Lujan-Mora, 2016). 이런 노력을 덜어주기 위해 제안된 '접근성 특성'(accessibility characteristic)을 고려한 웹 디자인 제안은 노인들의 OER을 활용한 평생학습에 상당히 실천적인 시사를 준다. 이 고려 사항을 바탕으로 한 가이드라인에는 폰트 사이즈 조정, 색상 이용, 섹션 제목, 목적에 맞는 링크 등이 포함되어 있다(Navarrete & Lujan-Mora, 2016: 391). OER을 통한 평생교육이 활성화되기 위해서는 노인뿐만 아니라 디지털 자료를 통한 학습에 어려움을 겪을 수 있는 학습자 집단별 특성을 파악하여 이들의 웹이나 모바일 접근성 특성을 고려한 OER 플랫폼 개발과 연구가 지속되어야 할 것이다.

다. OER과 학교교육

학교교육은 초, 중등교육과 고등교육 분야로 나누어 살펴 볼 수 있다. 국내에서 OER과 관련된 초, 중등교육 영역에서의 가장 두드러진 실천은 1996년부터 한국교육학술정보원에서 제공하는 국내 최초의 교육정보 종합서비스시스템으로 불리는 에듀넷을 들 수 있다. 에듀넷은 학생, 교사, 학부모 및 일반인이 활용할 수 있는 교수-학습 자료뿐만 아니라 교육정책 및 교육일반 섹션을 두고 교육정보화와 관련된 주요 쟁점에 관한 자료를 제공한다(http://www.edunet.net).

또한 2012년부터 EBS가 구축하여 학생과 교사에게 학습용 콘텐츠 클립서비스를 제공하는 디지털리소스뱅크(EDRB) 또한 초, 중등교육을 위한 OER 서비스라고 볼 수 있다. 특히 EDRB의 초등클립, 중학클립에는 디지털 지도안 및 수업활용 사례도 포함되어 있어 교사가 제공되는 비디오 클립 서비스를 학교 수업에 활용할 때 참고할 수 있게 한다. 이 밖에도 EBS가 제공하는 고교 수능대비 비디오 스트리밍과 교재들은 가장 이용자가 많은 OER이기도 하다. 최근의 연구에 의하면(Kwak, 2017), EBS 강의를 학교의 공식 커리큘럼에 반영하여 교실 수업에 활용함으로써 교사들은 수업의 질을 향상시킬 뿐만 아니라 자신의 교수법까지 총체적으로 점검하는 기회가 되었다고 한다.

국외에서는 칸 아카데미(Khan academy)가 K－12 수준에서는 가장 대표적인 OER로 꼽힐 수 있다. 칸 아카데미는 세계 최고의 교육을 누구에게나 어디서나 받을 수 있게 한다는 슬로건을 걸고 미국뿐만 아니라 전 세계의 백만 교사와 천만 학생들에게 다가가고 있다(Kelly & Rutherford, 2017). 특히 수학, 과학, 컴퓨팅 영역에서의 칸 아카데미 자료는 위계적인 학습이 이루어질 수 있는 구조로 되어 있어 높은 평가를 받고 있다. 수학과 컴퓨팅 분야는 한국어판이 운영될 정도이다(https://ko.khanacademy.org/).

고등교육 분야에서의 OER은 오픈 코스 웨어(OCW)나 MOOC과 관련된 논의에서 많이 다루어져 왔다(Loecks, 2016, 나일주 외, 2015). 예를 들어, 아시아의 14개 지역 200여 기관을 대상으로 한 현황 조사에 의하면(이은정, 김용, 2012), 대학에서 교수자들의 OER 사용을 저해하는 요인으로는 '인식부족', '기술부족', '보상시스템의 부재', 그리고 '협력에 대한 참여도 저조'가 꼽혔다. 이외에도 특히 수업 중 OER 사용을 저해하는 요인으로는 "양질의 OER을 찾는 능력 부족"이 포함되었다(ibid, 46). 그리고 양질의 OER 개발 및 생성, 공유를 위해서는 교수자 간 그리고 기관 간의 협력이 필요한데 이 연구의 조사대상 기관들은 협력 관계가 저조한 것으로 나타났다.

북미에서 이루어진 연구들을 보면 대학에서 OER 활용의 가장 흔한 실천은 자료를 단순히 대체하는 것이며 자료들의 재조합 혹은 수정 사용 등의 적극적인 활용은 아직 미미한 것으로 나타났다(Lashley et al., 2017). 또한 개발한 자료의 개방 정도도 교수자의 준비도와 자신감에 따라 상이한 것으로 나타났다. 그럼에도 불구하고 현재 북미에서는 학생들이 지불하는 비싼 교과서 비용 절감이라는 명분 하에 교수자와 대학들이 무료나 비교적 적은 부담으로 구입할 수 있는 OER을 개발, 배포하는 운동이 활발해지고 있다(Annand & Jensen, 2017; Lashley et al., 2017). 이 부분은 연구 동향의 비용 부분에서 다시 다룬다.

학교교육에서의 OER의 함의를 요약하자면 다음과 같다.

- OER은 학생들이 양질의 자료를 수업 안팎에서 모두 접근 가능하도록 해준다. 이는 특히 교육 자료에의 접근에 있어 지리적, 경제적 장벽을 가진 학생들에게 도움이 될 수 있다.
- OER은 교사들의 교수 활동을 조력하고 촉진하는 데 도움을 줄 수 있다. 이는 교수법 다양화 및 수업의 질 향상으로 이어질 수 있다.
- OER은 교육 기회뿐만 아니라 내용에의 접근 평등성에 기여할 수 있다. 이는 사회 계층 간 갈등 해소뿐만 아니라 사회 통합에도 기여할 수 있다.

라. OER과 교사교육

OER은 교사교육 영역과도 상당한 관련을 갖는다. 첫째, 교사는 OER을 수업에 활용할지의 여부와 활용 방법을 결정하는 가장 큰 이용자 그룹이다. 따라서 K-12 교육과정을 다루고 있는 거의 모든 OER 플랫폼은 이용자를 구분할 때 학생, 교사, 학부모를 포함한 일반인으로 구분하고 있다. OER 활용에 있어서 교사교육이 필요한 이유는 OER에 대한 인식 부족과 자신의 교수법에 적합하도록 OER을 재가공하는 기술 부족 등을 꼽을 수 있다. 이런 부분에 대한 연수나 교육 없이는 교사들이 OER의 잠재적 가능성을 학교교육에서 충분히 활용하기 힘들 것이다. 따라서 교사들에게는 내용 자료뿐만 아니라 자료를 수정할 수 있는 도구 사용에 대한 교육이 함께 이루어져야 할 것이다. 예를 들어, Connexions와 Curriki와 같은 미국의 OER 플랫폼은 이용자가 사이트에서 제공하는 절차를 따르면 자신만의 콘텐츠를 생산하여 다시 공유할 수 있는 교육서비스와 툴을 제공하고 있다(차현진, 박태정, 2013).

둘째, 앞서 언급되었듯이 교사는 OER을 이용할 뿐만 아니라 생성하여 배포할 수 있는 주체이기도 하다. 이는 모든 개인에게 열려 있는 기회이지만 교사는 특히 수업을 통해 축적한 교수 방법에 대한 지식과 자료를 갖고 있기 마련이다. 따라서 이를 디지털 자료로 가공하고 적절한 라이센스를 부여하여 배포할 수 있는 역량이 있다면 교사들이야말로 OER 운동에 가장 큰 기여를 할 수 있는 집단이 될 것이다.

셋째, 저작권에 관한 내용도 교사교육의 주요 사안이 되어야 할 것이다. 2009년 개정된 국내 저작권법 제25조 제2항에 따르면 "국가나 지방자치단체에 소속된 교육지원기관은 그 수업 또는 지원 목적상 필요하다고 인정되는 경우에는 공표된 저작물의 일부분을 복제, 배포, 공연, 방송 또는 전송할 수 있다"(박정호, 강장묵, 2011: 73). 그러나 교사가 연구 목적이나 학교 홈페이지 게재 등 수업 이외의 목적을 위해 사용할 때는 사전에 확인하고 저작권자로부터 허락을 받아야 하는 등의 규정이 있다. 따라서 교사들은 OER의 활용이나 개발에 앞서 저작권에 대한 기본적인 내용을 숙지할 필요가 있다. 교육에 있어서의 모든 혁신의 확산 과정과 마찬가지로 교사들의 인식 제고와 협력 없이는 OER이 학교교육에서 제대로 활용되기 힘들 것이다. 양질의 OER 개발 및 배포에 못지않게 중요한 것이 이와 관련된 교사교육이다.

3 OER 연구동향

OER이 등장하고 또 교실에서 사용된 지는 10년이 넘지만 OER에 관한 연구는 아직 초기 단계에 있다(Hilton, 2017). 아래에서는 Bliss와 그 동료들(Bliss et al., 2013)이 제시한 COUP 주제별로 주요 연구 질문 및 결과들을 살펴본다.

가. 비용에 대한 연구

비용(Cost)에 관한 연구에서 던지는 기본적인 질문은 OER을 활용함으로써 가져오게 되는 학생들과 다른 관련자들에게 미치는 경제적 영향력에 관한 것이다(Hilton, 2017). 그런데 흥미롭게도 비용에 관해 이루어진 대다수의 실증적 연구들은 공식 교육 맥락에서 교수자나 기관이 OER을 활용함으로써 학생들의 교재 구입 비용을 절감해 주는 사례들에 집중되어 있다는 것이다. 이러한 연구는 대학 교과서 비용이 상당히 비싼 미국(Lashley et al., 2017)과 캐나다(Annand & Jensen, 2017; Hendricks, Reinsberg & Rieger, 2017; Jhangiani & Jhangiani, 2017) 등 북미에서 주로 이루어졌다는 공통점이 있다. 미국 노동 통계청에 따르면 미국 대학 교과서 비용은 지난 10년간 88% 상승했다고 한다. 이는 같은 기간에 학비가 63%, 집세가 51% 오른 것에 비해 더 높은 편이다(Lashley et al., 2017). 또한 플로리다 가상 캠퍼스(Florida Virtual Campus, 2016)가 22,000명의 대학생을 대상으로 조사했을 때 비용 때문에 주교재를 구매하지 않았다는 학생이 67%, 강의를 적게 신청했다는 학생이 48%, 어떤 강의를 등록하지 않았다는 학생이 46%, 강의 수강을 취소했다는 학생이 26%인 것으로 나타났다(Hendricks, Reinsberg & Rieger, 2017). 즉, 모든 비용 연구의 정당성은 교재 비용이 학생들에게 경제적으로 영향을 줄 뿐만 아니라 학습의 측면에서도 영향을 준다는 점에서 찾을 수 있다.

미국에서는 특히 공립 대학이나 전문대학(Community College)에서 OER이 대안적 교육자원으로 활용되어 상업적 교재를 대체할 수 있는 가능성을 보여준다. Lashley와 그 동료들의 연구(2017)는 캔사스 주립 대학(Kansas State University) 교수진이 2014년부터 개설하기 시작한 Open/Alternative Textbook Initiative(OATI) 강좌에 대한 경제적 분석을 통해 이 강좌 개설을 위한 대학의 경제적 투자는 15만 달러 이하였지만 학생들의 비용 절감의 총액은 6배나 많았음을 밝히고 있다. 이 코스에 등록한 학생들은 상업적 출판사가 판매하는 교과서를 구매하는 대신 10달러를 대안적 교재 비용으로 지불한다. 이런 방식으로 하여 2014년부터 2015년까지 17,963명의 학생들이 대안적 교재 코스에 등록했고 이를 통해 161만불 정도의 교과서 비용을 절감하게 되었다고 한다. 이를 학생 개인으로 보면 평균적으로 약 89.63달러를 절약하게 된 셈이다. 수학, 영양학 등 몇몇 교과 교수들로부터 시작하게 된 이 운동은 K－State 대학 전체에 OER에 대한 인식을 높이고 코스 자료들이 점점 더 대안적 교재로 공개되는 순환을 가져왔다(Lashley et al., 2017).

캐나다의 브리티시 콜롬비아(British Columbia) 대학의 물리학 코스에서 이루어진 열린 교재 사용도 유사한 결과를 보여준다(Hendriks, Reinsberg & Rieger, 2017). 특히 이 연구는 사전－사후 검사를 통해 OER 활용이 학습 결과에는 지장을 주지 않고 학생들에게 비용 절감을 가져 올 수 있음을 보여준다. 800~900명 정도가 등록하는 이 강좌에서 모든 코스 활동과 요구되는 교재들은 하나의 웹사이트를 통해 통합되었다. 그리고 학생들은 이 웹사이트에 접근함으로써 별도의 교재 구입 없이 모든 내용과 활동 정보(교과서, 수업, 퀴즈, 워크시트, 온라인 게시판, 숙제 등)에 접근할 수 있게 되었다. 이 연구에 참여한 학생들의 93%가 OER 교재의 질이 전통적 교과서의 질과 유사하거나 더 우수하다고 응답했다. 또한 이 연구는 OER 활용이 비용적인 면에서는 대형 강좌에서 더 효과적일 수 있음을 보여준다.

OER의 활용은 학생뿐만 아니라 교육 기관에도 경제적 이득을 가져다 줄 수 있다. 열린 입학을 지향하고 교과서 비용이 학생의 등록금에 포함되어 있는 캐나다의 아타바스카(Athabasca) 대학에서 이루어진 OER 프로젝트는 교수와 상업적 소프트웨어 제작자 그리고 교재의 저작권자가 협력하여 하나의 코스를 어떻게 OER 코스로 전환시키고 비용 절감을 가져올 수 있었는지를 보여준다(Annand & Jensen, 2017). 특히 이 프로젝트는 OER이 모두 무료 자료만으로 이루어져야 할 필요 없이 학생 평가와 피드백 등 꼭 필요한 경우에는 소프트웨어 개발 등을 위해 외부 자원을 아웃소싱 할 수도 있는 유연함을 보여준다. 이 상업용 소프트웨어 개발자에게는 등록 학생당 84달러(이하 캐나다 달러)를 지급하였다. 그럼에도 불구하고 보통 학생당 229달러의 비용이 드는 이 강좌는 1500명이 수강했을 때 대학은 연간 217,500달러를 절감할 수 있었다. 이러한 성공은 OER 수업 교재를 개발하는 교수진의 노력을 연구나 학문적 활동으로 인정하고 개인 교수에게 인센티브를 지급하는 등의 기관 지원이 있었기 때문에 가능하였다.

나. 결과물에 대한 연구

결과물(Outcome)에 대한 연구는 'OER이 학생들의 학업 성취에 어떤 영향을 미치는가'라는 질문을 중심으로 이루어진다(Hilton, 2017). 이 질문은 OER의 효용성, 즉 상업적 출판사가 발행하는 교재 사용에 비해 OER 활용이 학생들의 학습을 저해하거나 차이를 내지 않는지에 대한 우려와 관련되므로 학계의 가장 큰 관심사라고 할 수 있다. 즉, OER이 비용 절감 면에서 효과가 있다 하더라도 학생 학습의 질이나 결과를 희생할 수는 없기 때문이다. 따라서 결과물에 대한 연구들이 대부분 비용 부분을 함께 고려하기도 하고 비용에 관한 연구물이 결과물을 함께 비교하기도 한다(Chiorescu, 2017; Winitzky-Stephens & Pickavance, 2017).

Chiorescu(2017) 연구는 정확히 이 두 문제를 다루고 있다. 첫째, 전통적 교과서를 오픈 소스 e-북으로 대체하고 이 책과 연결된 온라인 수업 소프트웨어를 통해 연습 문제를 제공하는 시스템을 활용한 결과,

학생들은 어느 정도 비용 절감을 하였나? 둘째, 학업적 성취 면에서 어떤 차이를 보였는가? 연구 결과, 비용 면에서 학생들은 학기당 교재 비용 114달러에 비교해서 27.95달러를 사용하여 75%를 절약할 수 있었다. 학업 성취의 면에서는 성적 분포에서 C 이상 받은 학생들이 더 늘어났다. 그리고 학점을 z점수 분포로 비교하였을 때 전통적 교과서를 쓴 학기와 OER 교재를 쓴 학기 간에 유의미한 차이가 없었으며 탈락률은 OER 코스에서 더 낮아졌다. 이 연구는 대학 대수(Algebra) 수업에서 한 교수자가 진행한 수업을 학기별로 비교했다는 점에서 교수자 변인을 통제할 수 있었다.

미국 전문대학 맥락에서 이루어진 연구에서도 OER 강좌와 전통적 교과서 사용 강좌를 비교하였을 때 성적에 있어 유의미한 차이가 없는 것으로 나타났다(Winitzky-Stephens & Pickavance, 2017). 이 연구에서는 14개 강좌에서 학생들의 성적, 패스 확률, 탈락 비율을 2012년 가을부터 2016년 봄 학기까지 전통적 코스와 OER 코스(2014년부터 개설되기 시작)를 멀티 레벨 모델링(Multi Level Modeling) 방법을 사용하여 분석하였다. 분석 결과, 계속교육 학생들에게는 두 집단 간에 유의미한 차이가 없었으며 신입생에게는 OER 집단에서 약간의 성적 상승이 있는 것으로 나타났다. 반면 비용에 있어서는 2014년 이후 OER 코스에 7,588명이 등록하였으므로 교과서 비용의 50만 달러 이상을 절감했을 것으로 추정되었다.

Grew와 Davis(2017) 연구도 열린 입학 정책과 사회 통합적 가치를 실현하는 교육 기관에서 OER이 전통적 교재를 대체할 대안으로 기능할 가능성을 보여준다. 특히 이 연구에서는 학생들의 이전 학업 성취 변인을 통제했을 때도 OER 코스는 학업 성취를 예언하는 데 유의미했고 긍정적인 상관이 있었다. 흥미롭게도 이 연구 역시 기존의 결과물 연구와 유사한 결론에 도달한다. 즉, 전통적인 교재를 사용하는 코스와 OER을 사용하는 코스를 비교했을 때 학생들의 학업 성취는 둘 간에 유의미한 차이가 없거나 OER 코스 학생들이 약간 더 우수하다는 것이다. 이런 결론으로 연구자들은 OER이 경제적으로 취약한 환경에 있는 학생들을 위해서 대학의 교수, 행정가와 정책결정자들이 고려해야 할 또 하나의 실천적 대안이 될 수 있음을 제안한다.

고등교육 맥락에서 사용하는 OER은 대개 저자들이 상업용 교재를 낼만한 전문가 집단이 개발한 자료인 경우가 많았다. 그런데 학생들이 과제로 제출한 자료도 훌륭한 OER이 될 수 있음을 보여주는 연구도 있다(Wiley et al., 2017). 이 연구에서는 9~12학년 학생들이 재학하는 유타의 열린 고등학교의 디지털 사진 기초 과목에서 학생들이 자발적으로 기여한 OER의 수가 올라갈수록 학생들의 점수도 통계적으로 유의미하게 올라감을 관찰할 수 있었다. 따라서 위키피디아가 특정 주제에 관심 있는 이들의 집단 지성을 통해 성공할 수 있었던 것처럼 OER 자료의 축적 역시 전문성의 수준이 다양한 집단에 의해 이루어질 수 있음을 시사한다.

다. 활용에 대한 연구

활용은 어떤 방식으로 교수자들과 학습자들이 OER을 사용하는가라는 질문에 관한 것이다. Kalman(2017)은 유네스코와 영연방학습공동체(Commonwealth of Learning: COL)가 공동으로 펴낸 OER에 관한 책을 리뷰하면서 OER과 관련된 가장 친숙한 주제들은 OER의 개발, 저작권 그리고 배포에 관한 것이고 OER 운동의 가장 큰 도전은 교사와 학생들이 자료를 사용하게끔 하는 것이라고 밝힌다. 그런데 개인의 OER 활용 방식이란 거시적, 미시적 수준에서 다양하게 살펴 볼 수 있는 질문이기 때문에 이 부분에 대한 본격적인 연구는 드문 실정이다. 다만, 다른 주제의 연구들에서 부분적으로 드러난 교수자와 학습자의 OER 활용에 대한 연구를 살펴보면 다음과 같다.

우선, 교수자 입장에서는 OER 활용이 학생들의 교재 비용 절감과 기관의 이익을 창출하는 데 기여하는 면도 있지만 자신의 수업을 개별화하고 자신의 교수 스타일에 맞게 재조정할 여지를 준다는 점에서 매

력적이다. Chiorescu(2017)는 기존에 사용하던 교재의 목차를 재조정하고 강의 계획서, 일정표, 비디오, 튜토리얼, e－교과서, 그리고 과제, 퀴즈, 테스트 등 모든 활동을 온라인 소프트웨어로 제공하고 관리하는 방식으로 OER을 활용하였다. 보통 대학의 강의 활동에서 요구되는 자료들은 다음과 같다.

〈표 1-1〉 대학 강의활동에 필요한 자료들

강의 활동	필요한 자료
독서	교과서
강의	워크시트, 개념 질문들(clickers)
튜토리얼	워크시트
토론	온라인 게시판
랩	랩 워크시트, 자료들
과제	온라인 과제(문제 질문들)

출처: Hendricks, Reinsberg & Rieger(2017: 83).

그리고 Jung, Bauer, Heaps(2017) 연구에서는 교수자의 57%가 학생들에게 OER이 탑재된 링크를 모바일이나 웹 브라우저로 제공하였으며 13%가 시간과 노력을 들여 자신의 코스에 맞게 OER을 수정, 보완하여 사용한 것으로 나타났다.

학생들의 OER 활용을 세밀하게 들여다본 연구는 더 드문 편이다. 그럼에도 불구하고 한 연구에 의하면(Hendricks, Reinsberg & Rieger 2017), 물리학 수업의 경우 학생들의 교재 활용 패턴은 전통적인 교재를 사용하는 수업과 거의 유사한 것으로 나타났다. 예를 들면, 전통적인 교재를 사용하는 강의의 경우 58%, OER 교재를 사용하는 강의의 경우는 57%의 학생들이 일주일에 2～3회 교재를 사용한다고 응답하였다.

또한 매체 이용에 있어서는 컴퓨터가 아직은 주된 매체이나 모바일을 통한 학습도 증가하고 있는 것으로 나타났다. 미국의 도심에 있는 전문대학을 배경으로 하는 연구에서는 70%의 학생들이 자신의 랩탑이나 컴퓨터에서 OER을 이용하고 31% 정도가 스마트폰을 통해 본다고 응답하였다(Cooney, 2017). 반면, 국립대만대학의 OER 프로젝트의 일환으로 이루어진 OCW 코스에 등록한 학생들을 살펴보면, 코스에의 접근에 있어 데스크탑 사용이 2011년 94%에서 2016년에는 62.76%로 떨어진 반면, 모바일 사용자는 2011년 3%에서 2016년에는 28.14%로 증가한 것으로 나타났다(Sheu & Shih, 2017).

라. 인식에 대한 연구

인식에 대한 연구는 OER 연구 가운데 가장 많은 부분을 차지하며 크게 교수자의 인식과 학습자의 인식에 대한 조사로 나누어 볼 수 있다. 교수자의 인식을 다룬 연구에서는 OER의 질(quality), OER 사용의 이점 그리고 OER 사용이 학생의 학습과 수행에 미치는 영향에 관한 인식을 주로 살펴보고 있다.

OER 연구에서 질에 대한 인식 연구는 주로 기존 대학 수업에서 사용하던 상업적 텍스트북 교재와의 비교를 통해 이루어진다. 예를 들어, Jung, Bauer, Heaps(2017) 연구에서는 오픈 스택스(OpenStax)가 제공하는 오픈 텍스트북을 사용하는 교수자 136명 가운데 62%가 오픈 텍스트북의 질이 전통적인 교재만큼 좋다고 하였고, 19%는 질적으로 더 우수하다고 응답하였다. 그리고 응답 교수자의 91%가 질이 같은 수준이면 OER을 활용하겠다고 하여 교수진의 경우 질에 대한 보장이 OER 활용의 관건임을 시사한다. 이 연구에서는 오픈 텍스트북의 질에 대한 인식에 기여하는 요인들로 비용, 내용의 질, 내용의 난이도, 가독성, 범위/순서 등을 꼽고 있다.

또한 미네소타 사범대학이 보유한 오픈 텍스트북 도서관(Open Textbook Library)의 210개 카탈로그 가운데 121개의 오픈 텍스트북을 평가한 결과 전반적으로 OER 교재의 질은 5점 만점에 4.5점으로 우수한 편으로 나타났다(Fischer, Ernst & Mason, 2017). 미국과 캐나다의 교수자

416명이 참여한 이 평가에서는 교수자의 지위(정교수/부교수/조교수/강사)는 평가에 영향을 주지 않는 것으로 나타났다. 그러나 교과서를 9개 유형으로 나누었을 때 과목별로는 질적인 차이가 있는 것으로 나타났다.

OER 사용의 이점에 대해서는 비용 연구에서도 거론되었지만 거의 모든 교수자가 학생들의 교재 구입과 관련된 재정적인 부담을 덜어준다는 점을 가장 우선적으로 꼽고 있었다(Petrides, 2011). 또한 자신의 교수법 스타일을 고려하여 코스의 성격에 맞춤형으로 수업을 개선하는 것 그리고 모든 자료를 온라인에 탑재하여 관리하는 편리함 등도 이점으로 인식되었다(Chiorescu, 2017). 그러나 유명 강사의 강의를 고등학교 교실에서 수업 자료로 활용한 한국의 예에서는 교사로서의 자신의 권위가 도전받는다는 느낌을 보고한 경우도 있었다(Kwak, 2017). OER이 학생 수행에 미치는 영향에 대해서는 다수의 교수자가 긍정적으로 인식하였으나(49%), 영향을 미치지 않는다(30%), 부정적으로 영향을 미친다(3%), 그리고 모르겠다(18%)고 응답한 경우도 있었다(Jung, Bauer & Heaps, 2017).

학생들의 인식에 대한 연구 역시 주로 OER의 질, OER 사용의 이점 등에 대해 탐색하고 있다. 예를 들어, 캐나다의 4년제 대학 물리학 개론 대형 수업 맥락에서 이루어진 연구에서는 응답 학생의 93%가 오픈 텍스트북이 전통적 교재에 비해 질이 같거나 더 낫다고 응답하였다(Hendricks, Reinsberg & Rieger, 2017). Cooney(2017)의 연구에서도 전통적 교재와 비교했을 때 OER 교재의 질에 대한 인식은 높은 편이었다. 응답 학생 67명의 41.8%가 훨씬 좋다, 38.8%가 조금 더 낫다, 16.4%가 비슷하다, 1.5%가 다소 떨어진다, 1.5%가 훨씬 떨어진다고 자신들이 활용한 OER의 상대적인 질을 평가하였다.

Cooney와 같이 전문대학 맥락에서 이루어진 다른 연구에서도 학생들의 반응은 대체로 유사하였다. 응답 학생의 62%가 다른 코스의 책과 질이 비슷하다고 하였고 25%는 전통적 텍스트북보다 질이 더 좋다, 23%는 더 나쁘다고 응답하였다(Illowsky et al., 2016). 이를 요약하면,

OER의 질에 대한 학생들은 전통적 교재와 유사하거나 더 좋다는 인식이 주를 이룬다고 할 수 있다. 결과적으로 연구에서는 공통적으로 다수의 학생들이 향후에도 OER 코스에 등록하겠다는 응답을 보였다(Cooney, 2017; Illowsky et al., 2016).

또한 학생들은 OER 교재 사용의 이점으로 책이 코스에 맞춤형으로 되어 있고 무료이며 인터넷과 연결된 곳은 어디서나 접근 가능한 점 등을 꼽았다(Hendricks, Reinsberg & Rieger, 2017). 즉각적 접근성과 휴대성 외에도 높은 질과 비용 절감도 학생들이 오픈 텍스트북 사용의 이점으로 인식하는 점이었다(Jhangiani & Jhangiani, 2017). 특히 상업용 교재 구입 비용 절감은 거의 모든 연구에서 학생들이 OER 활용을 지지하는 가장 큰 요인으로 나타났다.

그러나 학생 가운데 소수이기는 하지만 OER 자료가 대부분 온라인으로 제공되는 데 대한 불편함을 거론하기도 하였다. 그 가운데 가장 큰 이슈는 종이로 인쇄된 매체가 주는 이점을 포기하기 쉽지 않다는 것이다. Hendricks, Reinsberg, Rieger(2017)의 연구에 참여했던 143명의 학생 가운데 25명이 전통적인 교재를 사는 것을 선호했고 이 가운데 15명이 그 이유를 제시했다. 그 이유 가운데 14명이 책의 질 때문이 아니라 스크린보다 인쇄물을 읽는 것을 선호하고 책에 중요 사항을 표기할 수 있기 때문이라고 하였다. Cooney(2017)의 연구 결과도 이와 유사하다. 이 연구에서는 OER 자료를 볼 때 인쇄하는 이유에 대해서 묻고 있는데 이 질문에 대한 응답률이 46%였고 30%의 학생들이 이 질문이 자신에게 해당되지 않는다고 하였다. 그리고 49%의 학생들이 거의 인쇄하지 않는다고 응답하였다. 그러나 '정기적으로 한다'는 학생이 11%, '가끔씩 한다'는 학생도 24%에 이르렀다. 학생들이 온라인으로 제공되는 OER 자료를 인쇄하는 이유 가운데 가장 높은 비율을 차지한 것은 노트를 하기 위해서(65%)였고 종이를 선호한다는 응답(41%)이 그 다음이었다.

드물기는 하지만 학생들이 OER을 활용하는 교수자에 대해 어떻게 인식하는지를 밝히는 연구도 있었다. Vojtech와 Grissett(2017) 연구에서는 가상의 시나리오지만 OER을 활용하는 교수자와 전통적 교재를 활용하는 교수자에 대한 지문을 읽게 한 후 5점 척도로 친절, 지식정도, 열정, 인내심, 격려, 창의성에 대한 개인적 특성에 대해 평가하게 하였다. 이 가운데 학생들은 오픈 텍스트북을 사용한 교수자에게 친절, 격려, 창의성 면에서 더 높은 점수를 주었다. 그 이유에 대한 지필 응답을 살펴 보면 비용 절감에 대한 교수자의 노력은 긍정적으로 기술하는 한편, 교과서에 어떠한 변화를 가져올 수 없는 점은 무능력한 것으로 기술했다.

4 맺음말

OER은 데이터를 소유보다는 공유 그리고 사용자 중심의 인터넷 환경으로 기술적 진화가 가능했음을 예견한 웹 2.0 개념의 교육 실행 판이라고 할만하다. 이 장에서는 OER이 갖는 교육적 함의를 원격교육, 평생교육, 학교교육, 교사교육 부분으로 나누어 살펴보았고 어떤 연구들이 이루어지고 있는지를 개괄하였다. 그러나 국내의 사례나 연구가 부족하여 이러한 고찰이 국외 자료에 의존하였다는 한계가 있다.

한국 교육의 현실에 비추어 볼 때 OER은 다음과 같이 전망해 볼 수 있다. 첫째, 초·중등교육에서의 OER 활성화의 핵심은 교사들의 참여에 있다. 즉, 교사들이 OER의 취지를 이해하고 생성, 활용, 평가, 배포에 적극적일 때 OER은 공교육의 질을 향상시키는 데 기여할 수 있을 것이다. 문제는 교사들이 적극적으로 참여할 만한 동기가 충분히 주어져야 한다는 것이다. 둘째, 한국 대학에서 OER 도입 역시 국외와는 다른 동기에서 추동되어야 할 것으로 보인다. 국외 문헌은 대부분 학생들의 교재 비용 절감을 큰 이유로 삼고 있는데 국내에서도 이 부분이 쟁점이 될 것인지는 분명치 않다. 또한 양질의 OER이 대부분 영어로 개발되어 있어 언어적 장벽이 OER 활용에 제약이 될 것이다. 이 부분을 극복할 실천적 대안이 모색되어야 한국 고등교육도 세계적 수준의 공개된 교육 자원의 공유 및 실천에 참여할 수 있을 것이다. 셋째, 평생교육과 원격교육 기관들은 등록한 학생들을 위해 제공하는 코스나 자료 이외에 일반 시민에게 공개하는 OER 자료나 코스를 무료로 서비스함으로써 교육 기회 확대와 사회 통합에 기여하는 것이 바람직할 것이다. 또한 학습관리 중심(Learning Management System: LMS)의 플랫폼을 학습내용관리(Learning Contents Management System: LCMS)를 포함하는 방식으로 확장 운영하는 것도 고려할 사항이다.

국내의 OER 관련 연구는 실천과 더불어 성장할 것이다. 현재에도 MOOC, OCW에 관한 연구도 OER 개념의 외연을 넓혔을 때 포함되는 부분들이다. 향후에는 고등교육뿐만 아니라 교육 전반에서 그리고 기관 차원의 실천이 아니라 교수자와 학습자 경험을 드러내는 섬세한 연구들이 필요할 것이다. 주제 역시 비용, 결과, 활용, 인식의 COUP 틀을 넘어서 더 깊이 있는 연구 문제를 다루어야 할 것이다.

"지식을 무료로 주는 것"(OECD, 2007a). OECD에서 OER의 등장을 알리며 펴낸 소식지의 제목이다. OER은 지식을 나누는 방식에 관한 것이다. 문제는 어떤 기술과 매체를 이용하여 누구와 어떻게 나눌 것인가이다. OER의 확산을 위해서는 정부, 기관, 학습자들이 각각 어떠한 동기로 OER 운동에 참여하고 또 할 것인가에 대한 연구가 필요하다. 이 운동의 지속가능성 역시 이러한 연구에 기반한 비즈니스 모델이 확립될 때 제시될 수 있을 것이다. 학습 2.0 시대에는 OER 기반 학습 네트워크를 위해 학습 자료가 사회적으로 생산, 공개, 공유되는 것이다(De Langen & Bitter-Rijkema, 2012). 지식은 원래 나눌 때 그 가치가 드러나는 법이다.

참고 문헌

김경숙(2010), 교육 2.0의 실현을 위한 저작권문제의 극복: 대학에서의 공개교육자료(OER)의 작성과 이용의 측면에서, **경영법률**, 21(1), 535-571.

김자미, 구양미, 이원규(2015), 영국의 FutureLearn과 프랑스 FUN이 K-MOOC에 주는 시사점과 전망, **비교교육연구**, 25(4), 293-320.

박정호, 강장묵(2011), 교육정보 자유이용체제 구축을 위한 서비스 모델에 관한 연구, **한국인터넷방송통신학회 논문지**, 11(2), 73-81.

이은정, 김용(2012), 아시아지역의 공개교육자원 활용현황 분석, **한국인터넷정보학회**, 13(6), 41-53.

Annand, D. & Jensen, T. (2017), Incentivizing the Production and use of open eudcational resources in Higher Education *Institutions, International Journal of Research in Open and Distributed Learning*, 18(4), 1-15.

ates, T. (2005), Technology, E-learning and Distance Education (2nd ed.), New York: NY: Routledge.

Chiorescu, M. Exploring open educational resources for college Algebra, *International Journal of Research in Open and Distributed Learning*, 18(4), 50-59.

Cooney, C. (2017), What Impacts do OER Have on Students? Students Share Their Experiences with a Health Psychology OER at New York City College of Technology, *International Review of Research in Open and Distributed Learning*, 18(4), 155-178.

De Langen & Bitter-Rijkema, (2012), Positioning the OER business model for open education, *European Journal of Open, Distance and E-Learning*, Volume I, 1-13.

Fischer, L., Ernst D. & Mason, S., (2017), Rating the Quality of Open Textbooks: How Reviewer and Text Characteristics Predict Ratings, *International Review of Research in Open and Distributed Learning*, 18(4), 142-154.

Gourley, B. & Lane, A. (2009), Re-invigorating openness at The Open University: the role of Open Educational Resources, *Open Learning*, 24(1), 57-65.

Grewe, K. & Davis, W. Preston, (2017), The impact of enrollment in an OER Course on student learning outcomes, *International Journal of Research in Open and Distributed*

Learning, 18(4), 231-238.

Hendricks, C., Reinsberg, S., & Rieger, G. (2017), The adoption of an open textbook in a large physics course: An anlaysis of cost, outcomes, use, and perceptions, *International Journal of Research in Open and Distributed Learning*, 18(4), 78-99.

Hilton, J. (2017), Special Issue: Outcomes of openness: empirical reports on the implementation of OER, *International Journal of Research in Open and Distributed Learning*, 18(4), i-v.

Hilton, J., Wiley, D., Stein, J. & Johnson, A. (2010), The four 'R's of openness and ALMS analysis: frameworks for open educational resources, *Open Learning*, 25(1), 37-44.

Illowsky, B.S., Hilton, J., Whiting, J., & Ackerman, J. C. (2016), Examining student perception of an open statistics book. *Open Praxis*, 8(3), 265-26, Retrieved from https://openpraxis.org/index.php/OpenPraxis/article/view/304.

Jhangiani, R. & Jhangiani, S. (2017), Investigating the perceptions, use, and impact of open textbooks: A survey of post-secondary students in British Columbia, *International Journal of Research in Open and Distributed Learning*, 18(4), 172-192.

Jung, E., Bauer, C. & Heaps, A., (2017), Higher Education Faculty Perceptions of Open Textbook Adoption, *International Review of Research in Open and Distributed Learning*, 18(4), 123-141.

Kalman. (2017), Book review: Open Educational Resources: Policy, Costs, and Transformation, *International Journal of Research in Open and Distributed Learning,* 18(3), 156-158.

Kelly, D. & Rutherford, T. (2017), Khan academy as supplemental instruction: A controlled study of a computer-based mathematics intervention, *International Journal of Research in Open and Distributed Learning*, 18(4), 70-77.

Kwak, S. (2017), How Korean Language Arts teachers adopt and adapt open educational resources: A study of teacher's and students' perspectives, *International Journal of Research in Open and Distributed Learning*, 18(4), 193-211.

Lashley, Cummings-Sauls, Bennett & Lindshield, (2017), Cultivating textbook alternatives from the ground up: one public university's sustainable model for open and alternative educational resource proliferation, *International Journal of Research in Open and Distributed Learning*, 18(4), 212-230.

Mejeryte-Narkevicience, K. (2011), Open Educational Resources for Lifelong Lear ning. OpenScout approach, Kanuas, Lithuania, 18 November, 2011. Retrieved from https://www.slideshare.net/kristinamejeryte/oer-for-lifelong-learning -open-scout -approach.

Mishra, S. & Kanwar, A. (2015)., Chapter 11. Quality assurance for open educational resources: What's the difference? pp. 221-234. In Curtis J. bonk, Mimi M. Lee, Thomas C. Reeves, and Thomas H. Reynolds (Edited by) *MOOCs and Open Education Around the World*.. 변호승 외 5인 역 (2016). MOOC와 개방교육. 파주: 아카데미 프레스.

Navarrete, R. & Lujan-Mora, S. (2016), OER-based lifelong learning for older people, In Proceedings of the 8th *International Conference on Computer Supported Education*(CSEDU 2016), Volume 2, 388-393.

OECD, (2007a), *Giving knowledge for free: The emergence of open educational resources*, Organization for Economic Co-operation and Development.

OECD, (2007b), *Qualifications systems bridges to lifelong learning*, Organization for Economic Co-operation and Development.

OER Commons (2007), OER community. Retrived from https://www.oercommons.org/

Petrides, L., Jimes, C., Middleton-Detzner, C., Walling, J. & Weiss, S. (2011). Open textbook adoption and use: implications for teachers and learners, *Open Learning*, 26(1), 39-49.

Sheu, F. & Shih, M. (2017), Evaluating NTU's OpenCourseWare Project with Google Analytics: User Characteristics, Course Preferences, and Usage Patterns, *International Review of Research in Open and Distributed Learning*, 18(4), 100-122.

Loeckx, J. (2016), Blurring boundaries in Education: context and impact of MOOCs, *International Review of Research in Open and Distributed Learning*, 17(3), 92-121.

Scanlon, E. (2012), Open educational resources in support of science learning: tools for inquiry and observation, *Distance Education*, 33(2), 221-235.

Schuwer, R & Mulder, F. (2009), OpenER, a Dutch initiative in Open Educational Resources, *Open Learning*, 24(1), 67-76.

Vojtech, G. & Grissett, J. (2017), Student perceptions of college faculty who use OER, *International Journal of Research in Open and Distributed Learning*, 18(4), 155-171.

Wiley, D., Webb, A., Weston, S. & Tonks, D., (2017), A preliminary exploration of the relationships between student-created OER, sustainability and students success,

International Journal of Research in Open and Distributed Learning, 18(4), 60-69.

Willems, J. & Bossu, C. (2012), Equity considerations for open educational resources in the globalization of education, *Distance Education*, 33(2), 185-199.

Winitzky-Stephens, J. & Pickavance, J. (2017), Open Educational Resources and Student Course outcomes: A multilevel Analysis, *International Journal of Research in Open and Distributed Learning*, 18(4), 35-39.

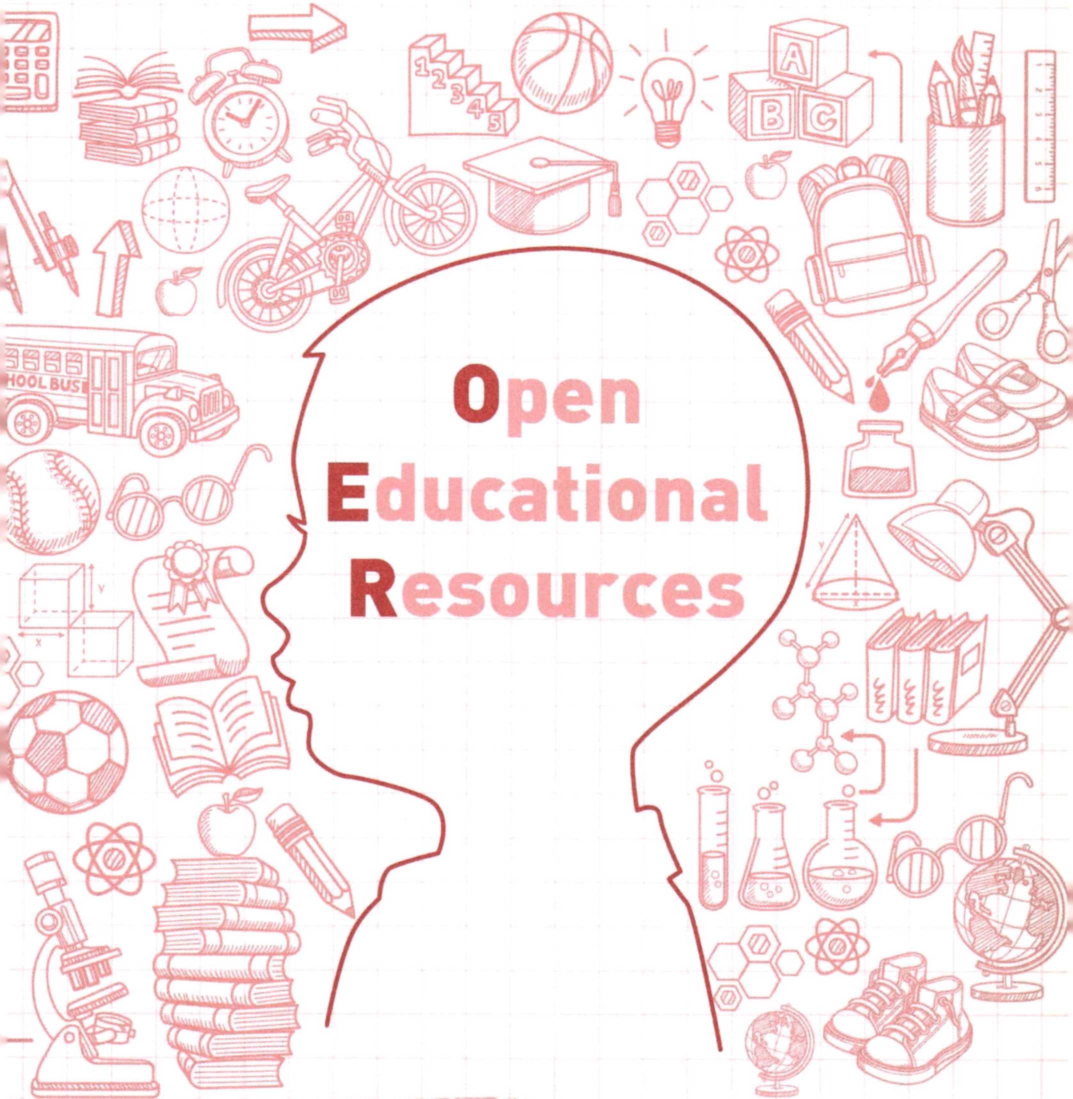

제2장

OER의 개념 및 전망

Open Educational Resources

제2장

OER의 개념 및 전망

신하균

이 장에서는 OER이라는 용어의 개념과 역사에 초점을 두고 OER의 전반적인 흐름을 살펴본다.

1 OER의 개념

OER의 개념은 최근 다양하게 정의되고 있다. 'Open Educational Resource'라는 용어는 2002년 유네스코(UNESCO)에서 개최한 'Forum on the Impact of Open Courseware for Higher Education in Developing Countries'라는 주제의 파리 포럼에서 최초로 사용되었다(UNESCO Forum, 2002). 그 내용을 살펴보면 다음과 같다.

> 무제한 또는 한정된 제한 하에 사람들이 무료로 접근, 사용, 수정 그리고 재배부할 수 있는, 공공 영역에 있거나 허가 없이 이용할 수 있는, 어떤 매체, 디지털 또는 그 외의 수단에서의 교수, 학습 및 연구 재료이다. 공개된 허가는 관련된 국제 관습에 의해 정의된 바와 같이 지적재산권 체계 안에 있으며, 작품의 저작권을 존중한다(UNESCO forum, 2002).

휴렛재단(William and Flora Hewlett Foundation)은 OER과 관련된 대부분의 주요 사업을 재정적으로 지원함으로써 OER의 사용과 발전에 있어서 선구자적인 역할을 해왔다. 휴렛재단에서 제시한 OER의 개념은 다음과 같다.

> 자유로운 사용 및 수정이 가능한, 공공영역에 있거나 지적 재산의 사용이 가능한, 교수, 학습, 그리고 연구 자원이다. 전체 강좌, 강좌 자료, 모듈, 교과서, 동영상, 시험지, 소프트웨어, 그리고 지식에 대한 접근을 도와주는 도구, 재료, 또는 기술을 포함한다(William & Flora Hewlett Foundation).

이 외에도 다음의 <표 2-1>에서는 연구자들이 제시한 OER의 대표적인 개념들을 살펴볼 수 있다.

〈표 2-1〉 OER의 정의

연구자 (발표연도)	OER의 정의
Johnstone (2005)	코스웨어, 콘텐츠 모듈, 학습 객체, 학습자 지원 및 평가 도구, 온라인 학습 커뮤니티를 포함한 학습 자원들과 교수자를 위한 도구 및 OER을 개발, 적용, 사용하는 것을 지원하는 교수자를 위한 자료. 그리고 교육의 질과 교육활동을 보장할 수 있는 자료들
Margulies (2005)	사용자들이 문화나 교육 과정 혹은 교육조건에 맞추어서 자료를 활용하기 위한 콘텐츠뿐만 아니라 학습과 콘텐츠 관리 소프트웨어 및 콘텐츠 개발도구, 디지털화된 자료에 대한 기준과 지적재산권 관련 도구들을 포함하는 것

출처: 김소정(2013: 7).

위에서 살펴본 바와 같이 OER은 단순히 학습콘텐츠만을 가리키는 것이 아니라 공유할 학습자료를 개발, 사용, 관리하는 데 필요한 시스템 전반을 포함하는 개념이라고 할 수 있다. 마굴리스(Margulies, 2005)가 제시한 OER 개념도 <그림 2-1>은 도구, 학습콘텐츠, 실행자원의 세 가지 영역으로 OER을 분류하고 있다.

〈그림 2-1〉 OER 개념도

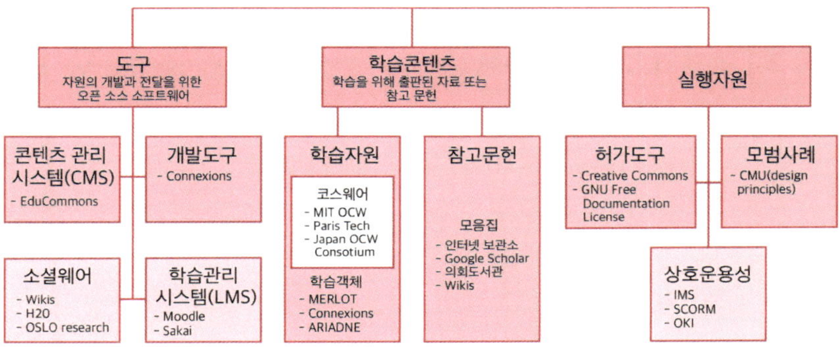

출처: Margulies(2005).

요약하자면, OER은 “교수자, 학습자 그리고 자기학습자들이 교수, 학습 그리고 연구에 사용, 재사용, 수정, 공유에 대하여 자유롭게 이용할 수 있는 전체 강좌, 모듈, 교과서, 동영상, 시험지, 소프트웨어, 도구, 재료, 기술 등을 포함한다”고 정의할 수 있다.

2 OER과 관련된 개념들

OER의 출현은 교수-학습 활동 전반에 걸쳐 교육계에 많은 변화를 가져오고 있다. 따라서 OER을 심도 있게 이해하기 위해서는 OER과 관련된 용어와 개념들에 익숙해질 필요가 있다. 이러한 이해 자체가 OER의 교육적 실천을 이해하는 작업이 될 것이다.

- MOOC(Massive Open Online Course): 대형 온라인 공개강좌. “인터넷을 통해 무료로 제공되는 대학 강의”라고 할 수 있다. MOOC

의 세부 용어는 다음과 같다(나일주, 2015).

- cMOOC(connectivist MOOC): 학습자 및 학습자료 간의 상호작용을 강조하는 연결주의 묵
- xMOOC(eXtended MOOC): 행동주의나 인지주의와 같은 객관주의에 기반하여 전통적인 교사 중심의 수업을 재현한 묵
- sMOOCs(Situated MOOCs): 실제 상황에서 일어나는 사례 기반의 학습 페다고지를 기반으로 한 형태
- vMOOCs(Visual MOOCs): 묵스의 자료 및 환경 자체를 시각화하려는 노력이 중요함

- **원격교육**(Distance Education): "교육자와 학습자가 시·공간적으로 분리되어 있는 상황에서 매체를 통해 중재되는 교수-학습활동"이라고 정의된다. 원격교육의 구성요인으로는 교수자, 학습자, 교과내용, 교수활동의 사전기획과 준비, 소통매체로 볼 수 있다(신나민, 2007).
- **플립드러닝**(Flipped Learning): 학자별로 정의하는 내용은 다음 표와 같다.

〈표 2-2〉 플립드러닝의 정의

학자	플립드러닝의 정의
Ash (2012)	학생들에게 동영상 강의를 숙제로 시청하고 교실에서는 해당 학습내용을 적용한 체험 기반 학습과 심화응용학습을 제공하는 것
Bull, Ferster, & Kjellstrom (2012)	학생들이 교실 밖에서 교실 수업을 대체할 수 있는 온라인 동영상 강의를 시청하고 교실 수업에서는 학생들이 체험 기반 학습에 참여하도록 하는 것
Hamdan, et al. (2013)	학생들이 수업 전 교과서 및 관련 학습 자료를 미리 예습해오고 수업에서는 강의 방식이 아닌 토론 학습, 보충/심화 학습을 진행하는 것

출처: 박지민(2015: 5-6).

- **블렌디드 러닝**(Blended Learning, 혼합형 학습): 두 가지 이상의 학습 방법을 결합하여 이루어지는 학습이다. 일반적으로는 온라인(사이버) 학습과 면대면 학습이 혼합된 학습을 가리킨다. 블렌디드 러닝은 실시간 교실 수업과 비실시간 이러닝이 혼합된 형태로 학습효과를 극대화하기 위하여 두 가지 이상의 다양한 학습 전략과 방법, 기술들을 결합하여 학습 환경을 최적화하는 전략적 학습 과정, 또는 교수-학습과정을 통해서 제공하는 다양한 전달방법을 결합한 형태의 학습이다(김유미, 2012).
- **LMS**(Learning Management System): 학습관리시스템에 대한 학자들의 정의는 다음과 같다.

〈표 2-3〉 학습관리시스템의 정의

학자	학습관리시스템의 정의
Beck (2005)	이메일 관리를 비롯한 즉각적인 메시지 전달이 가능한 기능, 토론 기능, 채팅, 파일을 올리고 내려 받을 수 있는 기능 및 공유기능, 역할(교수자, 학생, 운영자)에 따른 권한 부여 기능 등을 통합하여 동일한 공간에서 단일 인터페이스로 제공되는 모든 것 또는 그 일부
Paulsen (2002)	온라인 학습에 접근할 수 있도록 조직하고 제공하기 위해 사용되는 도구
Sussman (2005)	교수자와 학생의 접속 관리, 학습 콘텐츠 제공, 상호작용 도구 등의 다양한 기능을 보다 쉽고 편리하게 사용할 수 있도록 하기 위해 만들어짐

출처: 이혜정 외(2008: 154).

- **LCMS**(Learning Contents Management System): 콘텐츠를 학습객체(Learning Object) 단위로 개발, 저장, 관리하여 한번 개발된 콘텐츠의 재사용성(Reusability) 및 학습자 특성에 맞는 적응적인 콘텐츠의 제공을 지원하며 교수설계기능을 갖춘 템플릿을 제공하여 신속한 수업개발이 가능하도록 지원한다(Rengarajan, R., 2001).

〈표 2-4〉 LMS와 LCMS의 비교

구분	LMS	LCMS
사용자	모든 학습자, 조직	콘텐츠 개발자, 운영자
관리 대상	학습자의 학습성과, 학습요구, 학습과정 및 계획	학습 콘텐츠
시스템 특징	이러닝의 운영방향 및 기획의도에 따라 가변적으로 구축될 수 있는 시스템	표준화된 방법으로 콘텐츠 관리의 자동화 지원
주요 역할	블렌디드 학습 지원, HR 시스템 통합, 학습관리, 콘텐츠 통합, 평가 기능, 역량 관리	학습 객체 저장소, 자동화된 저작도구, 콘텐츠의 동적 전달 인터페이스, 학습 콘텐츠 관리

출처: 정민정(2014: 4).

- **학습객체**(Learning Object): 하나의 학습목표를 달성하는데 활용될 수 있는 최소한의 학습내용으로 학습자들이 필요에 따라 재사용할 수 있고 다른 학습객체와 조합하여 더 큰 단위로 재구성할 수 있는 학습단위이다. 학습객체로 구성된 학습내용은 하나의 학습목표를 달성하는 내용이어야 하고 학습자의 필요에 따라 재구성이 가능하여야 하며 다른 학습객체와 조합하여 새로운 학습객체로 활용될 수 있어야 한다(손경아 외, 2003).
- CCL(Creative Commons License): 저작물 이용 허락. 저작권자가 저작물 사용 조건을 미리 제시해 사용자가 저작권자에게 따로 허락을 구하지 않고도 창작물을 사용할 수 있게 한 일종의 오픈 라이선스이다.
  - '많은 인터넷 사용자들은 자신의 저작물과 이 저작물의 재사용, 변형, 배포에 대한 권리를 공유하기를 원한다'는 전제를 가지고 있는 비영리기관인 Creative Commons에 의해 창안된 오픈 라이선스(Bissel, 2009).
  - 기관의 전제에 따라 원칙적으로 저작물에 대한 이용자의 자유로운 이용을 허용하지만, 저작권자의 의사에 따라 일정 범위의

제한을 가하는 방식을 취하고 있다(손경아, 2013).

- CCL은 교육자원, 음악, 사진, 데이터베이스, 공공정보를 포함한 어떤 형태의 저작물에도 적용될 수 있다. 다만, 컴퓨터 소프트웨어 및 하드웨어, 공적 영역, 그리고 더 이상 저작권으로 보호되지 않는 저작물에는 적용이 권장되지 않는다(Creative Commons, Creative Commons FAQ, from https://creativecommons.org/faq/, 2015.12.23.).

3 OER의 발전

1990년대 초반 인터넷의 발전에 따라 인터넷에 공개된 정보들이 기하급수적으로 늘어나게 되었다. 그 당시에는 이렇게 공개된 정보와 자료의 진위 여부를 확인하기 어려웠고 자료의 질을 측정하기도 어려웠으며, 학습과의 관련성이나 교육과의 관계성을 토대로 자료의 분류가 이루어지지도 않았다.

이런 상황에서 Wayne Hodgins가 1994년에 제안한 '학습객체(Learning Object)'라는 용어는 아주 중요한 의미를 가진다. OER의 역사에서 학습객체는 디지털 자료가 설계되고 다양한 교육환경에서 쉽게 재생산될 수 있게 하는 아이디어를 보급하는 역할을 할 수 있었다. 이후 David Wiley가 1998년에 교육공동체를 대상으로 공개자료(Open Content)라는 용어를 만들어 냈다. 공개자료의 역할은 공개된 자료와 무료 소프트웨어를 생산적으로 학습자료에 적용시키고, 무료로 학습자료를 사용할 수 있는 권리를 확산시키는 데 있다고 볼 수 있다.

Larry Lessig과 동료들이 The Creative Commons라는 단체를 설립하고 지적재산권 및 저작권과 관련된 문제들을 체계적으로 정리하고 발전시켰다. OER의 역사에서 Creative Commons의 역할은 더욱 쉽게 학습자료를 사용하게 하고, 법적인 수월성을 확보하는 데 도움을 주었다(한국교육학술정보원, 2010).

매사추세츠공대(MIT)에서는 1999년 Robert A. Brown 학장이 교수위원회에 '원격교육시대에 부응하기 위한 MIT대학의 대응전략'을 요청하였고, 교수위원회에서는 MIT교수들에게 설문조사를 실시하여 '인터넷을 통한 강의자료의 무료제공'이라는 결론에 도달하였다. 당시 MIT대 총장인 Charles M. Vest는 오픈코스웨어(OCW: Open Course Ware)가 MIT대에 최적의 제도라고 판단하고, 2001년 4월 뉴욕타임즈와의 인터뷰를 통하여 OCW 활성화 계획을 발표하였다. 그리고 같은 해 6월에 휴렛재단과 멜론재단(Andrew W. Mellon Foundation)은 OCW의 시범단계 구축을 위해 재원을 기부하기로 동의하였으며, 2001년 9월에 23개 학과에서 개설한 32개 과목의 자료가 게재되었다. 그 후 2003년 9월에 MIT대학 내 5개 단과 대학, 33개 학과의 500개 교육과정을 포함한 OCW 사이트가 공식 출범되었으며, 2005년 4월에는 1,101개 교과가 게재되기에 이르렀다(Potts, J. P., 2005).

4 한국에서의 OER과 교육

한국에서의 OER은 이러닝(e-learning)의 발전에 따라 꾸준히 증가하고 있다. 2007년 발표된 자료에 의하면, 국내 4년제 대학의 절반 이상이 대학 차원에서 OER을 도입하고 있다(임병노 외, 2007). 그리고 2009년에 실시한 이러닝 현황조사에 의하면 콘텐츠 개발 건수가 급증하고 있으며, 응답 기관의 70% 정도가 이러닝을 통한 학점 이수를 학칙에 규정하고 있다(한국교육학술정보원, 2009). 이렇듯 대학 교육에서의 OER은 OCW, MOOC 등의 형태로 확장하여 발전하고 있는 것으로 나타났다.

KOCW(Korea Open Course Ware)는 2007년에 40개 대학, 200개 강좌에 대하여 시범 서비스를 열면서 시작하여, 2014년 12월 31일 기준으로 294,718개의 강의 자료가 제공되고 있다(한국교육학술정보원, 2015). 해외자료는 GLOBE(Global Learning Objects Brokered Exchange)를 통하여

ARIADNE, TED, OER Commons, NIME, LPRNET, edna, YouTube/Edu, MERLOT, EwsearchChannel로부터 총 10만 여건 이상의 콘텐츠를 받아 학습자가 활용할 수 있도록 하고 있다.

K－MOOC(한국형 온라인 공개강좌)은 2015년 10월 개통식을 갖고 서울대를 비롯한 10개 대학에서 27개 강좌를 시작으로, 2016년에는 140개 강좌를 제공하고 있다. K－MOOC은 미래 우리 사회와 교육에 다음과 같은 효과를 가져올 것으로 전망된다(국가평생교육진흥원, 2015).

- 대학수업 혁신
- 대학 내·외 다양한 활동
- 평생 학습 지원
- 글로벌 교육

이상에서 살펴본 바와 같이 한국에서의 OER은 이러닝, OCW, MOOC 등의 형태로 꾸준히 발전하고 있으며, 또한 플립드러닝(Flipped Learning) 등의 교육 전략과 맞물리면서 우리나라 교육발전에 급속하고도 거대한 영향을 줄 것으로 보인다. 국내의 OER 현황 및 전망에 대해서는 다음 장에서 더 구체적으로 다룰 것이다.

참고 문헌

국가평생교육진흥원(2015), 「2015년 한국형 온라인 공개강좌(K-MOOC)」.

김소정(2013), 국내 대학생의 OCW 이용 의도에 영향을 미치는 요인에 관한 연구, 석사학위논문, 성균관대학교 일반대학원.

김유미(2012), 혼합학습의 영어교육적 효과에 관한 연구: 교육용 공개자료와 온라인 학습관리시스템을 중심으로, 5-6, 석사학위논문, 숙명여자대학교 교육대학원.

김정아(2014), 사이버학습 활용 제고를 위한 이러닝 사이트 품질 분석 연구, 석사학위논문, 한국방송통신대학교 대학원.

나일주 외(2015), 「묵스의 이해」, 6, 학지사.

박지민(2015), 플립러닝(flipped learning)을 활용한 수학 수업이 학생들의 학업 성취에 미치는 영향, 5-6, 석사학위논문, 경인교육대학교.

손경아, 김동식(2003), 학습객체 기반의 자원기반학습시스템 프로토타입 개발, **교육공학연구**, 제19권 4호, 111-112.

신나민(2007), 「원격교육입문」, 서현사.

이혜정, 최효선(2008), 이러닝 시스템 사용성 증진을 위한 수준별 학습관리시스템(LMS) 템플릿 개발 연구, **교육공학연구**, 제24권 2호, 154-156.

임병노, 이준(2007), 고등교육에서의 e-러닝 콘텐츠 실태와 시사점, 교육정보미디어연구.

정민정(2014), 무들 연계를 위한 통합 LCMS의 개발에 관한 연구, 5, 석사학위논문, 한국방송통신대학교 대학원.

한국교육학술정보원(2009), 「2009 교육정보화백서」.

한국교육학술정보원(2010), 「고등교육 공개 교수학습자료와 정규교육 연계 방안 연구」.

Margulies, A. (2005), "MIT Opencourseware - A New Model for Open Sharing", presentation at the OpenEd Conference at Utah State University, September.

Park, S., & Cha, K. (2013), Pre-service teachers' perspectives a blended listening course using TED talks. Multimedia-Assisted Language Learning, 16(2), 93-115.

Potts, J. P. (2005), MIT대학의 Opencourseware: 지식과 정보공유의 새로운 모델,

토목공학교육 제53권 9호.

Rengarajan, R. (2001), LCMS and LMS: Taking Advantage of Tight Integration. Click2Learn web site.

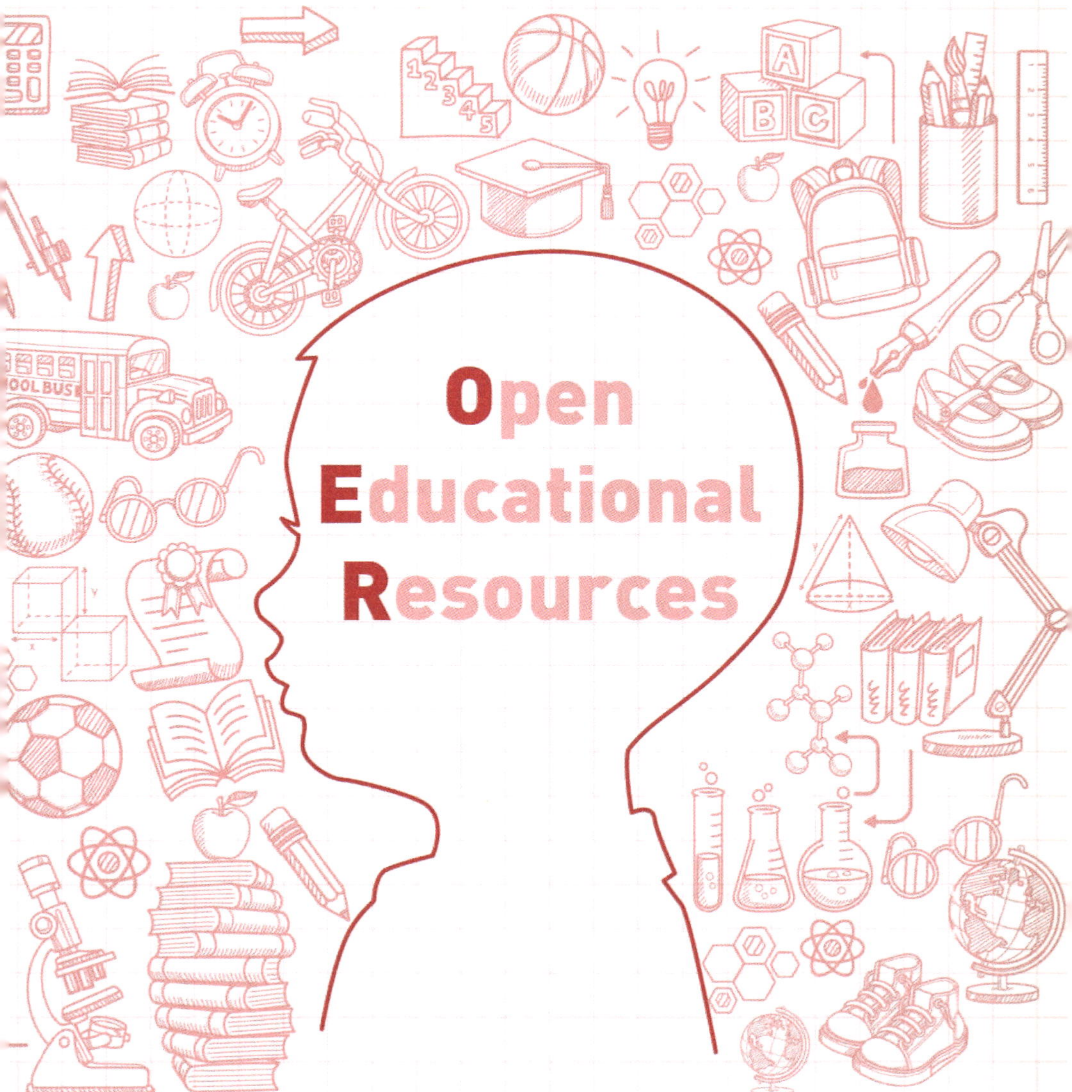

제3장

OER의 국내 현황 및 전망

Open Educational Resources

제3장

OER의 국내 현황 및 전망

장상현

1 국내 OER의 역사

우리나라 OER의 역사는 인터넷이 보급되기 이전 1980년대 후반 PC통신시대로 거슬러 올라간다. 전화선을 이용하여 데이터 통신을 시작하였다. <그림 3-1>과 같이 전자게시판(Bulletin Board System: BBS)에 교육자료를 올리고(upload) 필요한 사람은 내려받았다(Download).

PC통신 에듀넷(01444)에서는 영어, 과학, 토플 등 각종 학습 소프트웨어와 교육관련 기관의 정보를 소개하는 교육정보 제공 서비스, 교육관련 상담과 토론마당 등으로 이뤄진 정보교환서비스, 가상대학, 평생

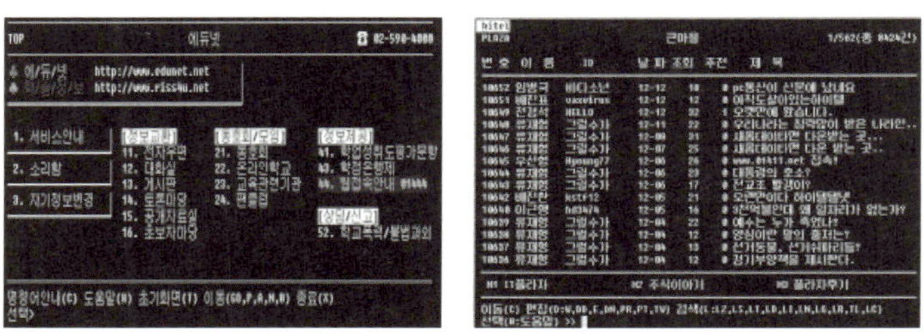

〈그림 3-1〉 PC통신 시대 에듀넷 첫 화면 및 게시판

· 원격교육, 홈쇼핑 등의 초고속 정보서비스, 교육통계, 정책해설, 교육 관련 법규를 설명하는 교육행정지원 서비스 등을 제공하였다.

에듀넷을 통하여 교육정보를 보다 빠르고 효과적으로 전달해주고 흩어져 있는 교육 관련 정보를 하나로 모아놓아 누구나 자유롭게 이용할 수 있게 되었다. 각종 연구 보고서, 주제별 학습 자료, 해외 교육 정보, 교육 통계 정보, 영재 교육 상담, 청소년 고민 상담, 온라인 학교 및 각종 교육 자료 등을 공유할 수 있었다. 1996년 교육부는 교육정보화발전종합계획을 수립하고 학교에 컴퓨터와 인터넷 보급에 속도를 내기 시작했다. 당시 정부는 "세계에서 컴퓨터를 제일 잘 하는 국민을 만들자"라는 슬로건 아래 행정과 재정적 지원을 집중하였다. 인터넷을 사용하면서 단순한 텍스트 자료의 사용에서 그림, 소리, 영상 등을 포함한 멀티미디어 자료에 대한 수요가 증가했다. 교육부는 멀티미디어교육지원센터(현, 한국교육학술정보원)와 1996년 9월 11일 교육정보 종합서비스(포털: Portal) 에듀넷(EDUNET: http://www.edunet.net)을 개통하여 멀티미디어 교육자료가 공유될 수 있도록 하였고, 교과별 사이버학습교재를 개발하여 서비스하였다. 이후부터 에듀넷은 단순한 교육자료의 개방과 공유 공간에서 학습자와 상호작용을 통한 학습이 가능한 서비스 플랫폼으로 발전하였다.

정부의 이러한 움직임과 더불어 민간 영역에서도 교육자료를 공유하기 위한 운동이 나타났다. 중앙일보는 1996년 성공리에 마무리한 학교정보화 1백 개 시범학교 사업에 이어 2단계 학교정보화 사업으로 '교육자료 공유운동'을 추진하였다. 국민들의 교육자료 공유 마인드를 확산시키고, 교육용 멀티미디어 자료 구축을 통해 교사들의 컴퓨터 활용도를 높이고 교육정보화를 지원하자는 취지였다. 교육자료 공유운동은 개인이나 단체가 손수 개발하여 실제 교육현장에서 활용할 수 있는 자료들을 종합교육정보망인 에듀넷을 통해 한 곳에 모으고 체계화된 DB 작업을 거쳐 통신망을 통해 다시 제공하는 자료 재활용 운동이다. 제공자료는 교수 · 학습자료를 비롯하여 해외교육자료, 생활 · 진로 · 진학 ·

해외유학 등 지도자료, 연구·문화예술자료, 기타 멀티미디어 자료 등으로 저작권에 저촉되지 않고 저작료를 요구하지 않는 것들이 공유되었다. 이를테면 교사들이 개발한 성적처리 평가·독서자료 메뉴얼 등 실제 교육현장에서 활용될 수 있는 자료들로 나눠쓰고 싶은 것이었다. 전문가의 연구 프로젝트나 교육용 소프트웨어 개발업체들의 자료들도 공유하였다. 자료제공 방법은 디지털 자료의 경우 에듀넷의 인터넷이나 PC통신서비스에 접속해 초기화면에서 '교육정보 공유운동' 선택 → 분류 자료 목록 중 해당 목록 선택 → '자료제공' 선택을 거쳐 등록한다.

교육부는 교단선진화 사업이 마무리되는 1999년 이후 학생 10명당, 교사 1인당 1대꼴로 컴퓨터를 보급해 더 높아지는 교육용 자료수요에 대응하고 교육정보화를 앞당기는 멀티미디어 교육자료 데이터베이스를 개발하여 공개하였다. 특히, 2001년 목표로 추진되었던 1단계 교육정보화발전종합계획의 인프라(PC, 네트워크 등) 보급 사업이 1년 빠른 2000년에 완료되어 모든 학교에서 인터넷 사용이 가능하게 되었다. 이후 교육정보화는 급속하게 확산되어 전국 시·도교육청 산하에 KERIS와 유사한 조직인 교육연구정보원(시·도교육청별로 다른 명칭을 사용)이 설립되어 교육청 단위의 교육정보의 생산과 공유를 위한 컨트롤타워 역할을 담당하기 시작하였다. 따라서, 그 동안 교육부와 KERIS가 중앙차원에서만 교육자료를 제작하고 공유했지만, 시·도교육청이 자체적으로 교육자료를 생산하고 그 자료를 전국에 공유하여 활용할 필요성으로 인해 2001년부터 시·도교육청에서 생산되는 교육자료를 실시간으로 공유할 수 있는 전국교육정보공유체제(Education Data Sharing Systems: EDSS)를 ＜그림 3－2＞와 같이 구축하여 수십만 건의 자료를 한 번에 검색하여 사용하였다.

전국교육정보공유체제는 16개 교육청과 교육 유관기관에서 생성되는 모든 교육자료를 교육 메타데이터 표준인 KEM(Korea Education Metadata)에 의해서 수집하여 원시 데이터는 교육청 및 각 기관에 보관하고 소재정보(URL)를 포함한 메타 데이터만 중앙에 통합되어 검색에

〈그림 3-2〉 전국교육정보공유체제 개념도

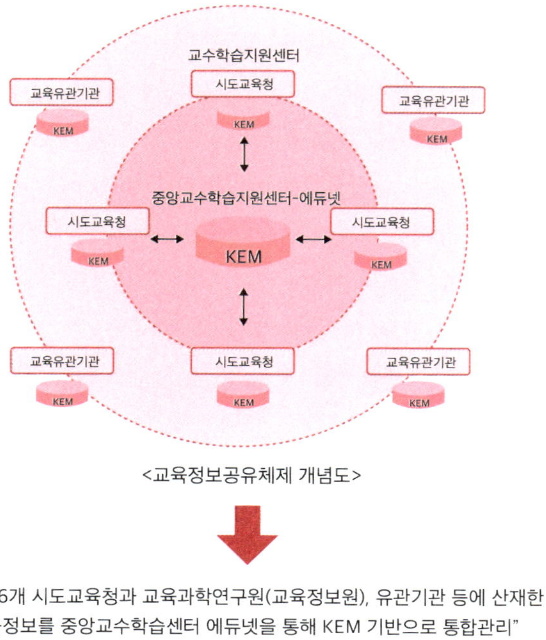

사용되었다. 또한 각 교육청 및 유관기관은 API(Application Programming Interface)로 검색기를 각자의 홈페이지에 설치하여 에듀넷에 접속하지 않고도 직접 교육청 또는 학교 홈페이지에서 전국 교육자료를 검색할 수 있도록 하여 활용도를 높였다.

에듀넷이 초중등 교육을 위한 OER의 대표 서비스인 반면, 고등교육을 위한 OER 서비스는 한국교육학술정보원이 2007년 처음 국내 대학이 공개한 200개의 강의를 연결하여 시범적으로 서비스했던 KOCW(Korea Open CourseWares; http://www.kocw.net)가 있다. 또한 서울대의 SNUO (Seoul National University Opencourseware; http://ocw.snu.ac.kr/), 숙명여대의 SNOW(Sookmyung Network for Open World; http://www.snow.or.kr), 한양대의 HOWL(Hanyang Open World for Learning; http://www.howl.or.kr) 등과 같이

일부 대학이 자체적으로 OER 사이트를 운영하기도 하였다. KOCW는 2009년 Youtube EDU, TED, Research Channel 등 다양한 해외 교육동영상 및 강의 콘텐츠를 연계하여 정식 서비스하였다. 하지만 대학들이 교수의 강의 공개에 대한 필요성을 인식하지 못하여 초기 활성화되기까지는 많은 시간과 노력이 소요되었다.

또한, 평균 수명이 늘어짐에 따라서 지방자치단체들이 2011년 대전평생교육원을 시작으로 주민들의 학습 욕구를 충족시켜주기 위해 온·오프라인 강좌들을 개발하여 제공하기 시작하였다. 따라서, 대학을 제외한 평생교육 관련 기관이 보유한 공개교육 자료를 국가평생교육진흥원이 수집하기 시작하였다. 현재 14개 지방 자치단체가 운영하는 평생교육원과 한국교육학술정보원, 한국방송통신대학 등의 온라인 공개 강의와 오프라인 프로그램 정보를 수집하여 늘배움(http://www.lifelongedu.go.kr) 사이트에서 서비스하고 있다.

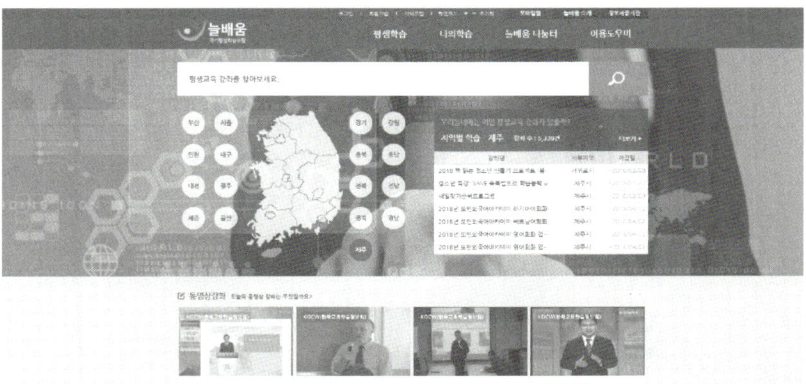

〈그림 3-3〉 국가평생학습포털 늘배움

2 국내 OER의 현황

OER의 정의는 일반적으로 학습자, 교사, 기관 등 모든 사람에게 무료로 제공되는 온라인상의 학습자료이다. 하지만 단순하게 교수·학습자료로 한정하기보다는 디지털 자원의 개방성(Digital Openness)에 기원을 두고 광의의 개념으로 교육과 관련된 모든 공개된 저작물은 물론이고 오픈소스(Open Source)까지 포함할 필요가 있다. <그림 3-4>와 같이 교육행정은 물론이고 학술연구, 논문 및 연구보고서에 이르는 공개 가능한 모든 관련 디지털자원(Digital Resources)을 공공저작물 기준으로 다음과 같이 분류할 수 있다.

〈그림 3-4〉 개방 가능한 교육 관련 자료 분류체계

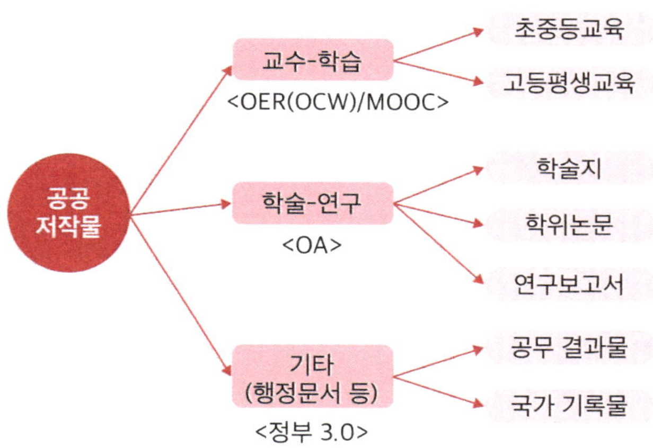

출처: 장상현(2015).

국내 OER은 한국교육학술정보원이 운영하고 있는 에듀넷과 KOCW가 대표적인 서비스이다. 또한, 17개 시·도교육청이 자체적으로 운영하는 교육자료 공개 서비스가 있고. 국가평생교육진흥원에서 운영하는 K-MOOC와 늘배움 서비스, 한국방송통신대학교의 프라임칼리지에서 운영하는 OER 서비스 등을 교수·학습 분야의 사례로 추가할 수 있다.

〈표 3-1〉 OER 분류 및 관련 사이트

<table>
<tr><th>대분류</th><th>세분류</th><th>관련 사이트</th></tr>
<tr><td rowspan="2">교수 · 학습
(OER/OCW/MOOC)</td><td>초 · 중등교육</td><td>http://www.edunet.net</td></tr>
<tr><td>고등 · 평생교육</td><td>http://www.kocw.net
http://www.kmooc.kr
http://oer.knou.ac.kr
http://www.lifelongedu.go.kr</td></tr>
<tr><td rowspan="3">학술 · 연구
(OA)</td><td>학술지</td><td>http://www.riss.kr
http://scholar.ndsl.kr</td></tr>
<tr><td>학위논문</td><td>http://www.riss.kr</td></tr>
<tr><td>연구보고서</td><td>http://report.ndsl.kr</td></tr>
<tr><td rowspan="2">기타
(정부3.0)</td><td>공무 결과 등</td><td>http://www.edss.or.kr
http://kess.kedi.re.kr</td></tr>
<tr><td>국가기록물 등</td><td>http://www.data.go.kr</td></tr>
</table>

출처: 장상현(2015).

학술 · 연구 분야의 오픈엑세스(Open Acess: OA) 사례는 한국교육학술정보원의 학술연구정보서비스 RISS(Research Information Sharing Service)와 한국과학기술정보연구원의 NDSL(National Digital Science Library)이 있다. 그리고 교육과 관련된 통계 자료를 공개하고 있는 EDSS(EduData Service System)와 교육통계센터, 공공데이터센터까지를 넓은 의미로 OER 서비스로 분류할 수 있다. 에듀넷, KOCW/K-MOOC 서비스에 대한 보다 상세한 현황은 다음과 같다.

초중등교육 OER 서비스 에듀넷은 전국교육정보공유체제, 중앙교수학습센터, 중앙사이버학습센터 등 20여 년 동안 다양한 역할을 수행하여 왔다. 교사, 학생, 학부모 등 이용자들에게 교육자료는 물론이고 메일, 웹하드, 커뮤니티 등 다양한 서비스를 제공하였다. 하지만 민간기관이 운영하는 메일, 웹 등의 부가서비스로 이용자가 이동하고 지속적인 서비스 운영을 위한 예산적 지원이 부족하여 일부 기능들이 중단되었다. 특히, 온라인 교육서비스 기업들이 대거 등장하면서 학생을 위한 서비스가 민간의 산업을 위축시키고 일부 중복된다는 지적이 꾸준하게 제기되어 2016년부터 교사를 위한 서비스로 거듭나기 위해 준비하여 2017년 4월 교사용 교육·학습 포털 에듀넷·티클리어(T-CLEAR; www.edunet.net) 사이트를 구축해 재공개하였다.

〈그림 3-5〉 에듀넷 티-클리어 홈페이지 화면

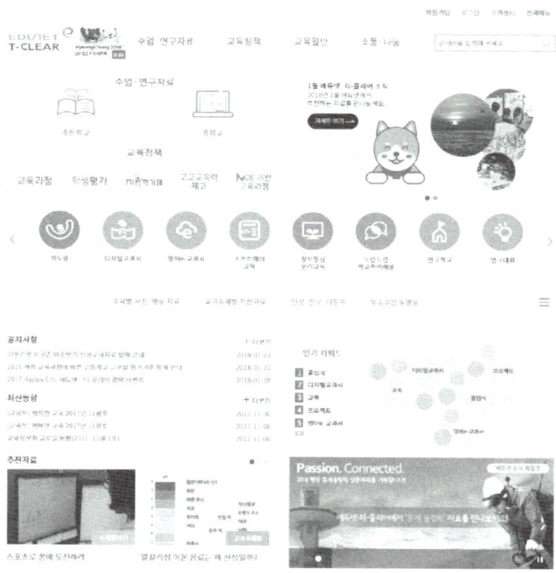

에듀넷 티-클리어는 교사(Teacher)에게 교육과정(Curriculum), 교수·학습(Learning), 평가(Evaluation), 활동자료(Activity Resources) 등 교육 전반에 걸친 정보를 제공하고 협업과 소통을 돕는 사이트다. 용어는 각 영어 단어 앞글자를 따서 만들었다.

그동안 교사들은 2015개정 교육과정, 자유학기제 등 관련 교육정책 시행으로 마련된 사이트들을 일일이 찾아 정보·자료를 얻어야 했다. 초·중학교 교육정책 관련 사이트를 통합·관리하는 에듀넷 티-클리어에서는 다양한 교육정보를 한 곳에서 확인할 수 있어 번거로움을 확줄였다. 에듀넷 티-클리어는 수업·연구자료, 교육정책, 나눔공간 등 크게 세 가지 영역의 서비스를 제공한다.

수업·연구자료 영역에서는 교수·학습자료, 수업설계자료, 외부자료, 연구자료 등을 확인할 수 있다. 교육정책 영역에서는 2015개정 교육과정, 자유학기제, 국가직무능력표준(NCS) 등의 메뉴를 구축해 다양한 정책자료를 검색할 수 있도록 했다. 교사들을 위한 커뮤니티서비스 나눔공간은 교사들이 서로 공유하고 싶은 자료나 인터넷 주소(URL)를 알리는 공간으로 활용된다. 교육부와 KERIS는 학생중심 수업사례나 수업 동영상 등을 꾸준히 발굴하여 제공하고 있다.

KOCW는 대학의 공개강의를 공유·유통하기 위하여 시스템을 구축하였다. 대학에서 공개한 강의를 공동활용하기 위하여 「저작권가이드라인」을 발간하여 대학에 보급하였다. 유튜브(Youtube), TED, Research Channel, Lift 등 해외 교육동영상 및 강의 콘텐츠를 연계하여 2009년 정식으로 서비스를 개통하였다. 2017년까지 약 15,000개 강좌를 222개 국내·외 대학과 기관으로부터 제공받아 서비스하고 있다. KOCW는 공개된 강의자료를 교육정보 메타데이터 국가표준인 KEM (Korea Educational Metadata) 기반으로 구축했으며, 2008년 이후에는 교육정보에 대한 저작권 관리 항목이 업데이트된 KEM 3.0을 적용해 보다 많은 이용자가 자료를 활용할 수 있도록 크리에이티브 커먼즈 라이선스(Creative Commons License) 관리 체계를 도입해 서비스하고 있다.

〈표 3-2〉 KOCW 콘텐츠 구축 현황

구분	2009	2010	2011	2012	2013	2014	2015	2016	2017
기관수	86	105	129	152	182	194	202	209	222
강좌수	561	1,358	2,768	4,683	7,156	9,970	12,844	15,842	32,396

출처: 한국교육학술정보원(2017).

2014년 개별 대학이 강의 공개에 적극적으로 참여하면서 희망하는 대학에 메타데이터 전송기(Data Provider: DP)를 직접 설치하여 강의메타데이터를 자동적으로 수집하는 체계를 구축하여 실시간으로 KOCW에 수집된 강의정보 메타데이터를 공동으로 활용할 수 있으며, 공유된 결과는 대학정보공시 항목으로 활용하고 있다. 2015년에는 그 동안의 이용자 행태분석을 통해 KOCW 서비스를 검색형과 블로그형으로 구분하여 보다 수요자 친화적인 화면(User Interface: UI)을 제공하였다. 또한, 해외 유명 공개강의 서비스인 코세라(Coursera)의 200여 강좌 정보를 번역하여 통합 검색으로 수강할 수 있도록 확대하였다. KOCW에 공개된 영어강의는 대학생 영어재능기부(Open English Script: OES) 봉사단을 활용하여 영어자막을 제공하고 있다.

〈그림 3-6〉 대학강의정보 자동수집체계 개념도

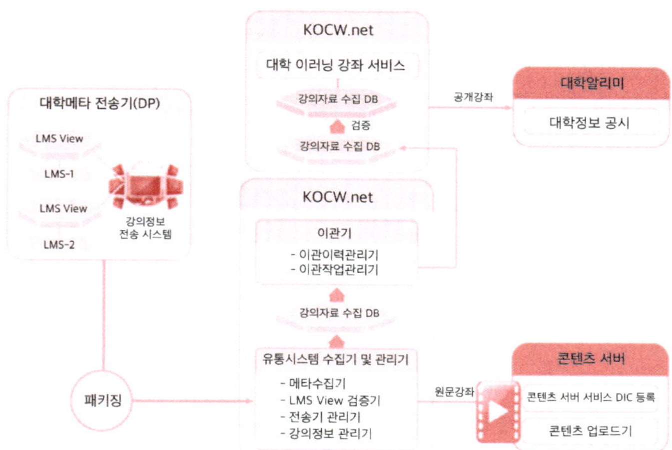

출처: 한국교육학술정보원(2013).

KOCW에 공개된 강의는 학문 주제별(인문학, 사회과학, 공학, 자연과학, 교육학, 의약학, 예술·체육), 제공기관별, 각종 테마별(취업, 토익, 소프트웨어교육,

〈그림 3-7〉 KOCW 서비스 화면

<검색형>

<블로그형>

출처: 한국교육학술정보원(2015).

교원임용고사대비, 공무원시험대비, 국가/민간자격대비 등) 서비스로 제공되고 있다. 그 동안 KOCW에 구축된 강의 동영상은 인문학 분야(22.7%)가 가장 많았지만 실제 이용된 강의는 공학(47.6%)과 자연과학(23.4%) 분야가 71%로 훨씬 많은 것으로 나타났다. 더욱이 최근 3개년간 가장 많이 활용된 강좌는 90% 이상이 공학 계열 과목이다(심리학의 이해 > 재료역학 > 전자기학 > 공업수학 > 물리학 등). 이러한 현상은 이미 공학과 자연과학 분야는 수업 전후로 예·복습에 강의 동영상을 많이 사용하고 있으며, KAIST, 서울대를 비롯하여 많은 대학이 도입하고 있는 혁신적 교수학습방법인 플립드러닝(Flipped Learning)을 지원하는 서비스로 발전할 수 있는 가능성을 확인한 결과이다. 또한, 2014년 KOCW 활용 실태 조사 결과 '인지 수요자' 비율은 교수/대학 강사(47%), 대학/연구소 직원(30%) 순서로 높은 것으로 보아 강의 제작 업무에 종사하거나 교수자의 수업과 강의를 위한 참고자료로 KOCW를 활용하고 있으며, KOCW를 주로 활용하는 이용자층은 대학생(52%), 대학원생(33%)으로 주된 활용 목적은 전공 분야 지식 습득(67.1%), 관심분야 지식 확장(52.6%), 수업 및 강의 참고자료로 활용(49.8%) 등으로 대학의 전공과 교양교육을 보조하는 도구로 사용되고 있는 것을 확인할 수 있다.

K-MOOC은 교육부와 국가평생교육진흥원이 창의적 인재양성을 위한 대학의 교수-학습방법 혁신, 고등교육의 실질적인 기회 균형의 실현, MOOC(Massive Open Online Course)의 국제적 확산과 고등교육 패러다임 변화에 적극 대응하고 100세 시대 평생학습 기반을 조성하여 열린 고등교육 체계를 통한 대학 교육의 혁신을 이루고자 '대학의 우수한 강좌를 인터넷을 통해 일반 국민에게 공개'하는 한국형 온라인 공개강좌(Korean Massive Open Online Course: K-MOOC) 서비스이다.

〈표 3-3〉 K-MOOC 강좌 개발 및 운영 현황

구분	신규 선정 학교수	개발 강좌 수		
		'15년	'16년 1학기	'16년 2학기
'15년 선정 무크대학	10	27	2	37
'16년 선정 무크대학	10	–	–	21
KOCW 변환개발	9	–	9	–
재정지원사업연계	22	–	–	31
합 계	39*(중복 제외)	27	11	90

※ 서울대학교 등 12개 대학은 중복 사업 운영('15년 무크대학 + 재정지원 사업연계)
※ '15년 개발 강좌 27개 중 23개 강좌는 '16년 3월부터 재운영 중(4개 과목은 2학기 운영)
출처: 교육부(2017).

K-MOOC는 참여대학을 통한 신규 강좌 개발 및 대학재정지원사업 (ACE, CORE, PRIME 등)1) 활용 개발 강좌를 공유하고 민간 기관과 협력

1) ACE: 학부교육선진화사업(Advanced College Education)
CORE: 인문역량강화사업(initiative for College of humanities Research and Education)
PRIME: 산업연계교육활성화선도사업(Program for Industrial needs-Matched Education)

하는 등의 다양한 분야로 확대하고 있다. 강좌 운영 등 서비스 질 관리를 지속하고, 친(親)학습자 환경 조성을 위한 기능 고도화 등 공용 플랫폼 기능을 개선하며, 강좌 이수결과 활용 확대 및 대학의 자율 참여 역량을 제고할 수 있는 서비스 활성화 기반을 조성하고 있다.

3 국내 OER의 전망

OER과 OCW/MOOC의 공통된 개념은 공개(Open)에 있다. 세계 여러 나라들이 OER에 관심을 갖는 이유는 공개를 통하여 많은 사람이 교육의 수혜를 받도록 지원체제를 만드는 데 목적이 있다. 하지만 좋은 자료를 공개하는 것은 창작자의 용기가 필요하고 체계적으로 수집하여 서비스하는 노력과 비용이 수반된다. 특히 온라인 무료 교육자료에 대한 활용측면은 초중등교육보다는 고등교육과 평생교육 수요가 더 많고 효과적일 것이다. 국내에서는 초중등학교에서 교사가 수업에 활용할 공개된 교육자료를 원활하게 사용할 수 있도록 지원하는 것이 가장 중요하다. 그리고 우리나라는 이미 고등교육이 보편화 단계에 있지만, 아직도 고등교육 기회에서 소외된 학생이 존재하고 기업의 수요에 비해 공급이 과다하여 취업난이 심각한 상황이다. 그러나 대학 간 교육의 질에 큰 차이가 있고 원하는 대학에서 원하는 전공을 자유롭게 선택하지 못하는 사람이 많다는 점에서 충분한 기회균등이 이루어지고 있다고 볼 수는 없다. 이미 취업한 사람들도 자기계발, 전문지식의 보충을 위해 타전공의 기초지식 습득, 최신 기술에 대한 지식 습득, 대학원 수업 수강을 하고 싶으나 시간·공간·비용의 제한으로 학습의 기회를 갖기 힘들다. 최근에는 부의 편중이 심화되고 교육이 계층 간 이동을 촉진하는 도구로써의 역할인 "계층사다리" 기능을 상실하고 계층이 대물림되어 가는 상황에서 OER은 현재는 물론 미래 공유경제사회에 더욱 중요한 역할을 할 것으로 기대된다. 따라서, OER 운동의 일환으로 운영되고 있는 에듀넷은 물론이고 KOCW, K-MOOC 등의 플랫폼을 연계하여 국내 고등교육 OER 저장소(Repository)로 활성화하여 누구나 필요한 분야의 교육자료를 언제 어디서나 무료로 학습할 수 있게 하는 진정한 교육의 균등한 기회를 제공함으로써 우리 학생들이 세계 속의 시민으로 성장할 수 있도록 교육 관련 개인 및 단체의 적극적 참여와 정부의 지속적인 관심과 지원이 필요하다.

국내는 교육부가 에듀넷, KOCW, K-MOOC를 운영하고 있고, 시·도교육청, 개별 대학이 제각기 특징을 가지고 교육정보서비스, OCW와 MOOC 서비스를 운영하고 있다. 이때 대학은 OCW와 MOOC을 설계함에 있어서 두 가지 목적과 세 가지 전략에 맞도록 검토할 필요가 있다. 목적은 크게 비용 절감(Cost Down)과 교육의 질제고(Quality Up) 측면으로 나누어 접근해야 한다. 그리고 ① 대학의 사회공헌을 위한 우수강의 공개(Open) 중심의 서비스, ② 기존의 대학 운영 방식을 탈피한 새로운 실험적(Experiment) 서비스, ③ 대학의 명예(Reputation)를 높이거나 홍보 서비스로써의 전략으로 구분하여 접근할 수 있다. 하지만, 각 전략이 공통된(overlap) 부분이 있을 수도 있으나 궁극적으로 개별 대학은 "대학 환경에 맞게 어떤 OCW와 MOOC을 도입할 것인가?"를 고민할 필요가 있다. 즉, KAIST에서 추진하고 있는 교육 3.0은 교육의 질을 제고하기 위한 새로운 실험적 교수학습의 운영이라고 해석할 수 있다. 하지만, MOOC의 형태라기보다 교수학습 방법의 변화를 위한 플립드러닝(Flipped Learning)에 가깝고 국내 대부분의 대학이 MOOC 보다 플립드러닝에 더 많은 관심을 가지고 있다.

OER의 발전 단계를 살펴보면 <그림 3-8>과 같이 MOOC의 형태는 새로운 교육 모델이나 역량기반 학습으로 발전하고 플립드러닝을 지원하는 체제로 발전할 가능성이 높은 것으로 확인할 수 있다.

미국의 MOOC(Massive Open Online Course) 서비스는 조지아공대와 Udacity가 석사과정을 개설하였듯이 국내 사이버대학과 같은 새로운 비즈니스 모델로 발전하게 될 것이다.

〈그림 3-8〉 MOOC의 발전 단계

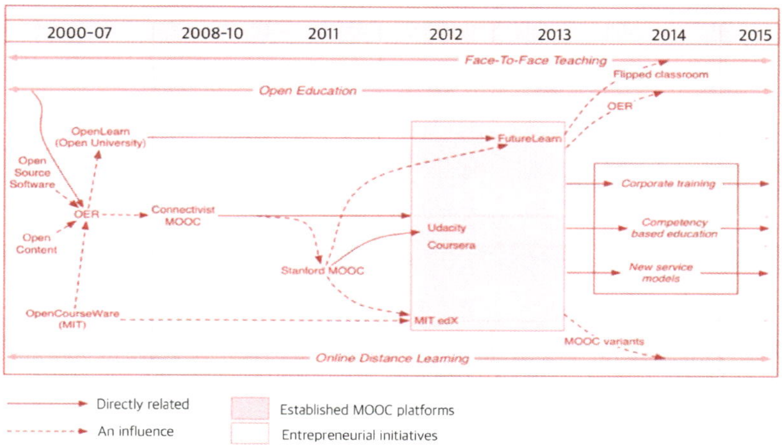

출처: 위키피디아.

2001년 MIT에서 시작된 대학의 강의공개(Open Courseware) 운동이 2002년부터 UNESCO의 OER 운동으로 확대하여 전 세계의 교육 격차를 해소를 통하여 지속가능한개발목표(Sustainable Development Goals: SDG)를 달성하기 위해 노력하고 있다. 특히 현재의 학생들이 사회에 진출하게될 2030년을 대비하는 지속가능발전교육(Education for Sustainable Development: ESD)의 'SDG4 – 교육 2030'을 달성하기 위해서 가장 핵심적인 도구로 OER은 점차 발전할 것이다. 이미 국내에서 운영되고 있는 대학별 OCW 및 MOOC 서비스, 한국방송통신대학 및 사이버대학에서 개발된 강의 자료, KOCW 및 K – MOOC 등 분산된 공개교육자원을 통합관리할 수 있는 체제가 선제적으로 필요하다. 그리고 유초중등교육 및 평생교육에 이르는 교육자료를 통합 연계할 수 있는 체제를 구축하기 위하여 OER 관련 기술 표준화, 저작권 관리 강화가 추가적으로 필요하다. 더 나아가 해외 공개 교육 자료와도 공유를 더욱 확대할 필요가 있다. 특히, 아세안사이버대학 OER 프로젝트와 같이 이미 구축된 서비스를

〈그림 3-9〉 국내 강의지원 OER 저장소 구조

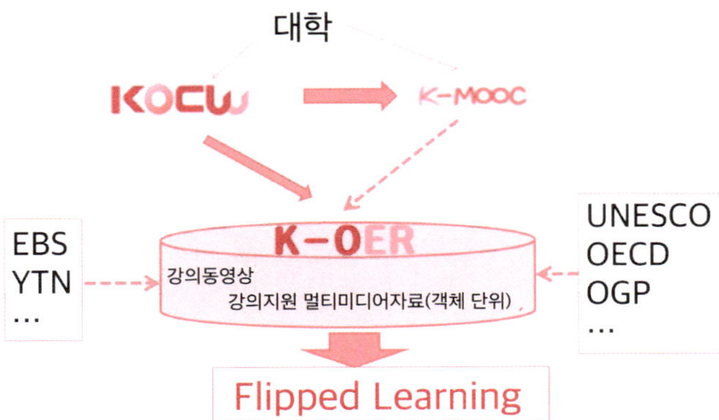

출처: 장상현(2016).

중심으로 아세안 국가는 물론이고 더 나아가 북미, 유럽, 아프리카 등의 국가들과 협력하여 국내외 OER 저장소(Repository)로써 발전하기 위한 노력이 요구된다. 미국의 캘리포니아주립대학에서 1997년 서비스를 시작한 MERLOT(Multimedia Educational Resource for Learning and Online Teaching)은 현재 450,000명의 학생과 40,000명의 교수들이 참여하는 시스템으로 성장하였다. MERLOT 컨소시엄은 고품질의 온라인 자원들을 제공함으로써 교수와 학습 경험을 개선하려고 노력하려는 사람들의 커뮤니티를 형성하려는 40개가 넘는 교육시스템, 컨소시엄, 500개가 넘는 개별 고등교육기관, 디지털도서관, 교육 기업들, 125,000명이 넘는 개인들이 참여하고 있다. 구글 번역기를 이용하여 웹사이트를 약 90개 언어로 번역하여 제공하고 있는 점 등은 국내 OER 서비스가 가장 우선적으로 참고할 대표적인 성공 사례이다.

2016년 새롭게 등장한 문명사적인 제4차 산업혁명으로 초지능, 초연결, 초실감의 지능정보기술이 일상화될 때 더욱더 교육과 정보의 집중으로 승자독식이 강화될 것을 대비해서라도 OER의 국가적 관심과

행 · 재정적 투자가 요구된다. 끝으로 2018년 교육부가 지능정보사회를 대비하여 계획하고 있는 교육정보 온라인오픈마켓(Open Market) 구축이 OER 개념을 충분하게 반영 후 구축되어 교수자와 학생, 교육자료 생산자와 소비가가 모두 만족할 수 있는 플랫폼이 되길 기대한다.

참고 문헌

나일주·장상현 외(2015), 「묵스의 이해」, 6, 학지사.

장상현(2015), 「이러닝백서」, 18, 이러닝산업협회.

장상현(2016), 「공공저작물의 유통활성화를 위한 제도적 방안 발표자료」, 2016 OAK(Open Access Korea) 공유저작물창조자원화 공동 워크숍, 국립중앙도서관·저작권위원회·CCK.

장상현(2016), 오픈소스 기반 MOOC 플랫폼 설계 원칙 및 구축, **한국정보처리학회지**, 23(6), 43-54, 한국정보처리학회.

장상현·김상우·김수연(2016), 아세안 대학 이러닝 지원 OER 플랫폼 개발 및 운영, **한국정보처리학회지**, 23(6), 55-64, 한국정보처리학회.

한국교육학술정보원(2016), 「2016 교육정보화백서」.

Curtis J. Bonk-Mimi M.Lee, Thomas C.Reeves·Thomas H. Reynolds. (2015), MOOCs and Open Education Around the World

Schneebeck, C., & Hanley, G.L. (2001), The California State University Center for Distributed Learning. In R.M. Epper & A.W. Bates(Eds.), *Teaching Faculty how to use technology; Best practices from leading institutions.* Westport, Ct; Greenwood/Oryx Press.

UNESCO. (2015), Education 2030 - Incheon Declaration and Framework for Action: Towards inclusive and equitable quality education and lifelong learning for all.

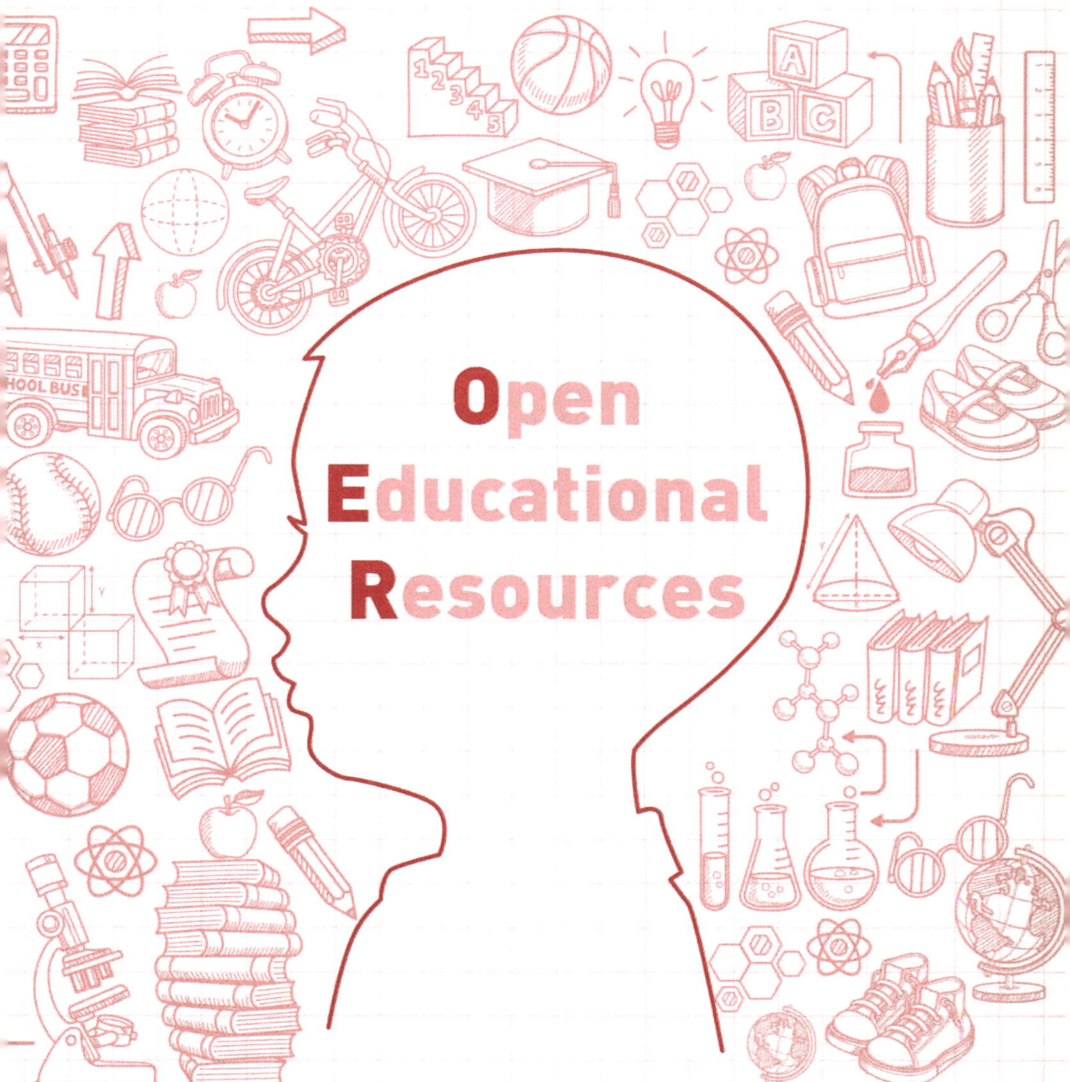

제4장

아세안 고등교육 OER 플랫폼

Open Educational Resources

제4장

아세안 고등교육 OER 플랫폼

장상현 & 김수연

이 장에서는 국내에서 구축하여 아시아 지역 4개 국가들에 OER 서비스를 제공하고 있는 아세안사이버대학(ASEAN Cyber University: ACU) 프로젝트를 소개한다. 이러한 프로젝트는 OER 서비스가 고등교육의 역량 강화 및 교육 개방 및 자료 공유 운동에 실제로 어떻게 구현될 수 있는지를 보여주는 좋은 사례가 될 것이다.

1 ACU-OER 설립배경

ACU 프로젝트는 2009년 한-아세안 특별정상회의에서 아세안 사무총장이 한국의 정보화기술과 사이버대학 운영 경험을 기반으로 한-아세안의 협력 증진을 위하여 아세안사이버대학 설립을 제안하며 시작되었다. 한국 정부는 동년 10월 개최된 한-아세안 정상회의에서 이러한 제안을 받아들여 단계적으로 아세안사이버대학 프로젝트를 추진하기 시작했다. 2010년 8월 아세안사이버대학 설립에 앞서 아세안 후발 4개국(캄보디아, 라오스, 미얀마, 베트남 이하 CLMV)에 대하여 이러닝 역량강화를 우선 추진하고, 이를 위해 CLMV 거점대학을 각 1개교(캄보디아 공과대학, 라오스 국립대학, 미얀마 기술대학, 베트남 하노이 공과대학)씩을 선정하였다.

초기 ACU 프로젝트는 2010년부터 타당성 조사 등의 기초 연구를 시작하여 2015년에는 학위취득이 가능한 형태의 아세안사이버대학으로 설립을 목적으로 했다. 그러나 아세안 참여국가 인프라 환경의 열악함과 이러닝 역량 수준 차이, 교육제도의 국가별 차이로 인해 2013년 4월 ACU 프로젝트 운영위원회에서 2020년까지의 ACU 프로젝트 추진 성과분석과 사이버대학 설립의 타당성 및 적합성을 재검토하기로 협의하고 2015년을 시점으로 ACU 프로젝트의 1주기 사업을 종료하였다. 2016년부터는 ACU 프로젝트의 2주기 사업으로 CLMV 국가의 이러닝 기반을 확충하고 사이버대학 설립 환경을 조성하기 위하여 참여 대학의 이러닝 역량강화 지원으로 방향을 전환하였다. 또한 아세안국가의 교육공개 및 교류를 위한 OER 플랫폼을 구축하여 운영하고 있다.

2 ACU 프로젝트 현황

〈그림 4-1〉 ACU 프로젝트 로드맵

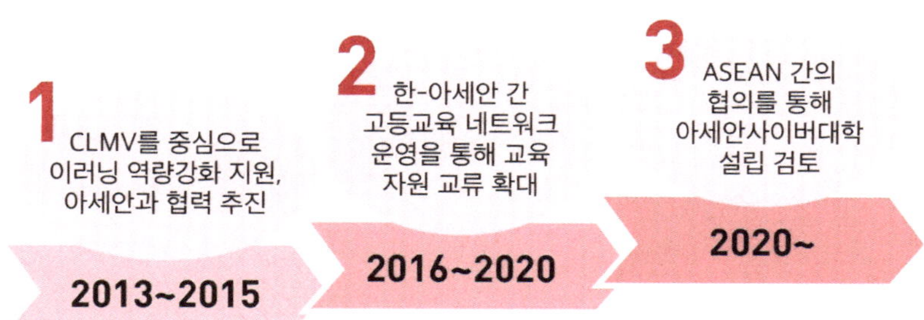

출처: 장상현 외(2016: 56).

1주기 ACU 프로젝트에서는 CLMV 국가를 중심으로 아세안 국가의 이러닝 역량강화를 지원하고 아세안대학네트워크(ASEAN University Network;

AUN)와의 교류협력을 진행하였다.

2주기에서는 한-아세안 간 고등교육 네트워크 운영을 통해 교육·인적 자원 교류를 확대하며 그간 구축한 인프라와 콘텐츠 활용 확대를 추진하고 개방형 ACU-OER 플랫폼을 구축 및 운영한다. ACU 프로젝트의 마지막 단계는 1, 2주기의 추진성과를 토대로 별도의 학위기관으로서 아세안사이버대학 설립이 필요하다고 판단될 경우, 아세안사이버대학을 설립하는 방안에 대한 검토가 이루어질 계획이다.

〈그림 4-2〉 ACU 프로젝트의 비전 체계

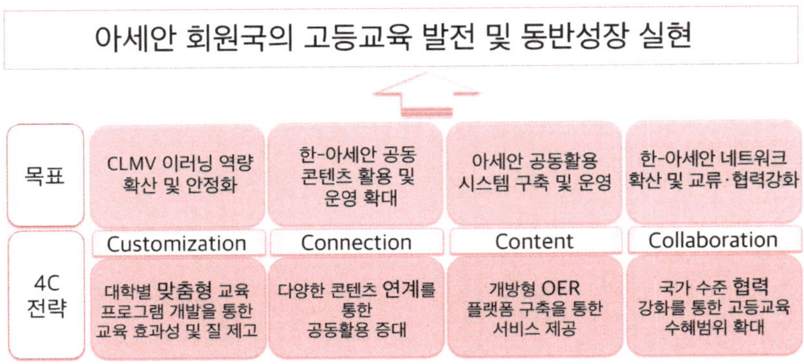

출처: 장상현 외(2016: 56).

아세안은 중국, 인도 다음으로 큰 경제블록이다. 특히, 베트남은 포스트(Post) 중국이 될 것이라는 전망과 더불어 가파른 경제 성장과 함께 교육 분야의 관심이 증대되고 있다. ACU 프로젝트는 우리나라의 앞선 고등교육과 이러닝 경험을 아세안 국가에 전수하고 상호 교류를 통해 한-아세안의 동반 성장 실현을 비전으로 하고 있다. ACU 프로젝트는 국가별 맞춤형(Customization) 지원, 다양한 콘텐츠의 연계(Connection), 개방형 콘텐츠(Contents) 플랫폼 운영, 국가 수준의 협력(Collaboration)의 4C 전략을 통해 CLMV 이러닝 역량 확산 및 안정화, 한-아세안 공동 콘텐츠 활용 및 운영 확대, 아세안 공동활용 시스템 구축 및 운영, 한-아세안 네트워크 확산 및 교류협력강화 등의 목표를 달성할 계획이다. 1주기 사업이 CLMV 국가를 중심으로 추진된 반면 2주기 사업은 태국, 말레이시아, 필리핀, 인도네시아, 브루나이 등 참여국가가 확대되었다. 참여국가의 인프라, 이러닝 역량, 국가별 관심사, 교육제도 등 상황이 서로 상이하기 때문에 맞춤형 지원이 필요하다고 판단되어 지원국가별로 국내 사이버대학(숭실사이버대, 원광디지털대, 부산디지털대, 영진사이버대)을 1:1로 매칭하여 직접 지원하고 있다.

〈표 4-1〉 ACU 프로젝트 회원

회원체계	국가	대학명
회원 대학	캄보디아	ITC(Institute of Technology) of Cambodia
		NIPTICT(National Institute of Posts, Telecommunications and Information Communication Technology)
	라오스	NUOL(National University of Laos)
	미얀마	UT(University of Technology, YCC)
		UIT(University of Information Technology)
	베트남	HUST(Hanoi University of Science and Technology)
	태국	SPU(Sripatum University)
참여 대학		LPRU(Lampang Rajabhat University)
	말레이시아	WOU(Wawasan Open University)
	필리핀	PUP(Polytechnic University of the Philippines)
		UPOU(University of the Philippines Open University)
	인도네시아	UT(Universitas Terbuka)
	브루나이	UBD(Universiti Brunei Darussalam)
협력 대학	대한민국	숭실사이버대학교 + 건양사이버대학교
		원광디지털대학교
		부산디지털대학교 + 동서대학교
		영진사이버대학교 + 영진전문대학교

ACU 프로젝트는 한국 교육부가 사업 기획 및 정책의 총괄을 담당하고 있으며 한국교육학술정보원(KERIS)이 사무국으로서 사업을 운영하고 있다. 아세안 국가 간의 네트워크 형성 및 관리는 아세안 국가의 각 교육부와 협업을 통해 이루어지고 있으며, 프로젝트 수행에 있어 이러닝, 국제협력, 국제원조와 관련한 전문가로 구성된 자문위원회가 운영되고 있다. 아래의 그림에서는 ACU 프로젝트 참여 기관 현황을 확인할 수 있다.

〈그림 4-3〉 ACU 프로젝트 추진 체계 및 기관별 역할

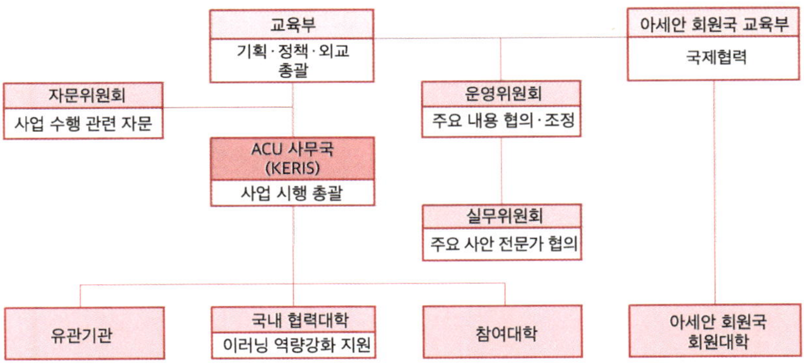

3 ACU 콘텐츠 개발

ACU 프로젝트 사무국(KERIS)은 CLMV 회원대학이 자력으로 이러닝 콘텐츠를 개발할 수 있는 역량을 갖출 수 있도록 지원하기 위하여 국내 사이버대학(ACU 협력대학)과 매칭하여 온·오프라인 밀착 코칭 및 컨설팅을 진행하고 있다. 아세안 참여대학에서 자체개발한 콘텐츠는 ACU-OER 플랫폼을 통해 모든 회원국과 참여국의 이용자가 활용 할 수 있도록 공유된다. 또한 이러닝 역량강화 연수 프로그램과 사전·사

후 온라인코스를 개발하여 이러닝 콘텐츠 개발 역량 강화 효과를 증대하고 한국과 아세안 국가 간의 동질감 및 유대감 형성을 도모하고 있다.

ACU 콘텐츠 개발은 크게 CLMV 회원대학 직접개발 콘텐츠와 사무국이 주도하여 개발한 공동활용 콘텐츠로 이루어지며 2012년부터 진행된 콘텐츠 개발 현황은 다음의 표와 같다.

〈표 4-2〉 ACU 콘텐츠 개발 현황

(단위: 종)

개발년도	2012	2012	2013	2014	2015	2016	2017	2018 (예정)	합계
CLMV 개발	3	4	6	12	15	12	20	20	92
ACU 개발	6	8	8	4	1	1	-	-	28
합 계									110

2016년까지는 저작도구를 이용한 플래시 기반의 ACU 콘텐츠가 제작되었지만, 동영상 중심의 콘텐츠가 확대되고 있는 전 세계적인 트렌드를 반영하여 2017년부터 ACU의 콘텐츠도 HTML5를 기반으로 한 동영상 콘텐츠로 제작 방향을 전환하였으며 모바일 기기에서도 시청이 가능하도록 반응형 콘텐츠로의 전환을 다시 추진 중에 있다. CLMV 국가의 콘텐츠 개발은 국내 사이버대학인 협력대학의 온/오프라인 코칭과 컨설팅을 통해 이루어지며 교수자, 교수설계자, 멀티미디어 디자이너, 시스템 개발자 등의 직무별 교육을 지원한다. CLMV 콘텐츠의 교안은 모두 영어로 작성되며 현지 학습자들의 수준을 고려하여 교수자의 강의는 현지어 또는 영어로 진행된다.

〈그림 4-4〉 ACU 공동활용 콘텐츠

한국어 읽기

인권(Human Rights)

〈그림 4-5〉 CLMV 제작 콘텐츠

Database Analysis and Design(캄보디아)

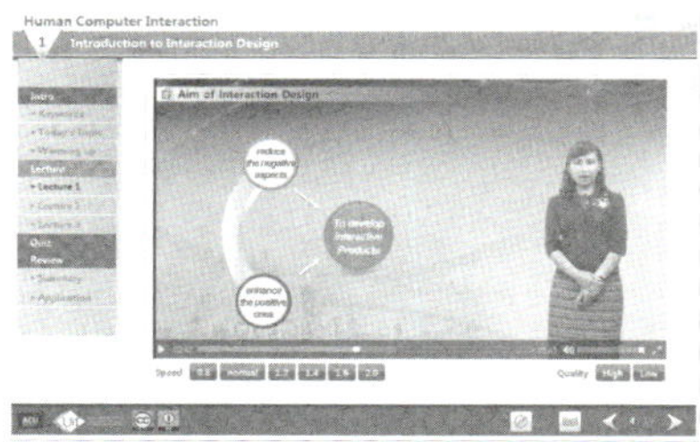

Human Computer Interaciton(미얀마)

CLMV 자체 개발 콘텐츠는 주로 공학과 IT 계열이며 ACU 사무국 주도의 콘텐츠는 이러닝을 활용한 교수학습 방법, 아세안 문화, 인권 등의 다양한 분야로 이루어져 있다. 다음은 2017년도에 개발된 ACU 콘텐츠의 목록이다.

〈표 4-3〉 2017년 ACU 콘텐츠 개발 콘텐츠 목록

국가	대학/기관	과정명	분야	유형
캄보디아	ITC	Internal Combustion Engine Theory	공학	동영상
		Soil Mechanics	공학	동영상
		Environmental Science	과학	동영상
	NIPTICT	Database Management System	IT	동영상
		Mobile Development on Android	IT	동영상
라오스	NUOL	General Accounting	경영	동영상
		Land Use Management	과학	동영상
		General Psychology	사회	동영상
		Management Information System	IT	동영상
		Research Methodology	사회	동영상
미얀마	UT	Java Programming	IT	동영상
		Introduction to Digital Image Processing	과학	동영상
		Engineering Chemistry	공학	동영상
	UIT	Distributed Programming	IT	동영상
		Human Computer Interaction	IT	동영상
베트남	HUST	Biomaterials	공학	동영상
		Power Supply System	공학	동영상
		Numerical Methods in Chemical Technology	공학	동영상
		Fluid Mechanics	공학	동영상
		Cyptography Theory	IT	동영상

ACU 프로젝트는 CLMV 국가의 이러닝 콘텐츠 제작뿐만 아니라 콘텐츠 이용 및 이러닝의 활성화를 독려하기 위하여 학습관리시스템을 제공하여 학점·비학점 과정을 운영한다. 그 결과 이러닝 과정 운영 수와 학습자 수는 매년 늘어가고 있는 추세이다.

〈표 4-4〉 ACU 과정운영현황

(단위: 종)

구 분	2015년	2016년	2017년
교육과정 운영	48강좌	89강좌	135강좌
학습자 수	4,787명	6,523명	7,968명

4 ACU 학습시스템 및 ACU-OER

ACU 프로젝트의 이러닝 시스템은 크게 포털 페이지, LCMS(Learning Contents Management System), LMS의 세 부분으로 구성된다. 포털 페이지는 공지사항, 협의회 관련 게시판, 프레스룸 등을 통해 ACU 프로젝트를 홍보하는 역할을 수행하며 FAQ, Q&A, 자유게시판은 ACU 프로젝트 참여자 간 의사소통 창구로서 활용되고 있다. LCMS는 ACU 프로젝트의 콘텐츠를 관리하는 시스템으로 콘텐츠를 탑재하고 메타데이터, 학습 도구, 학습 목차 등을 관리할 수 있다. LMS(Learning Management System)는 교수-학습 활동을 지원하고 관리하는 시스템으로 코스 개설과 수강신청부터 출석, 과제, 토론, 평가 등의 교수-학습과정, 이수증 발급까지 지원한다. 또한 이용자들은 교수자-학습자, 학습자-학습자 간 질의응답이 가능한 게시판을 이용할 수 있다. ACU LMS는 ios와 안드로이드에서 다운로드 가능한 모바일 앱도 지원하고 있다.

또한, ACU 프로젝트는 2016년 ACU-OER 플랫폼을 구축했다. 이를 통해 아세안의 고등교육자원 공동 활용을 확대하고 아세안대학 고등교육 수준을 제고하고자 한다. ACU-OER 플랫폼은 CLMV 회원대학에서 제작한 이러닝 콘텐츠와 ACU 공동 활용 콘텐츠, KOCW의 영문 콘텐츠와 메타 데이터를 초기에 탑재하고 ACU 프로젝트 참여국가의 제공 콘텐츠, 일반대학, 사이버대학, 민간 및 유관기관, 해외 OER

등의 ACU-OER 협력체로부터 제공받아 확대할 예정이다.

〈그림 4-6〉 ACU-OER 시스템 구성도

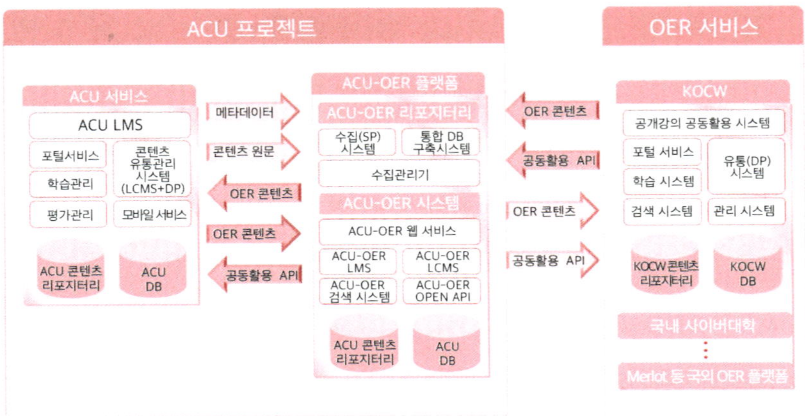

ACU-OER은 2016년 12월부터 시범서비스가 운영되었으며 2017년에는 기능 개편을, 2018년부터는 학습관리시스템 구축을 통해 단순한 콘텐츠 제공을 넘어서서 학습자들의 활동을 지원하고 누구나 학습 콘텐츠를 업로드할 수 있는 개방형 플랫폼으로 발전할 계획이다.

〈그림 4-7〉 ACU-OER 메인페이지

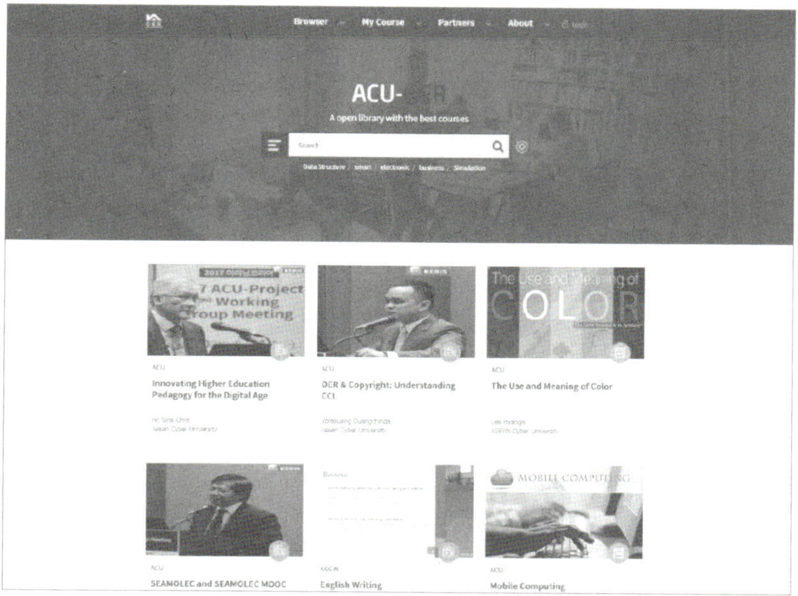

참고 문헌

장상현, 김상우, 김수연(2016), 아세안대학 이러닝 지원 OER 플랫폼 개발 및 운영, **정보처리학회지**, 23(6), 55－64.

한국교육학술정보원(2016), 아세안대학 이러닝 지원 2016년 사업계획서, 한국교육학술정보원.

한국교육학술정보원(2017), 아세안대학 이러닝 지원 2017년 완료보고서, 한국교육학술정보원.

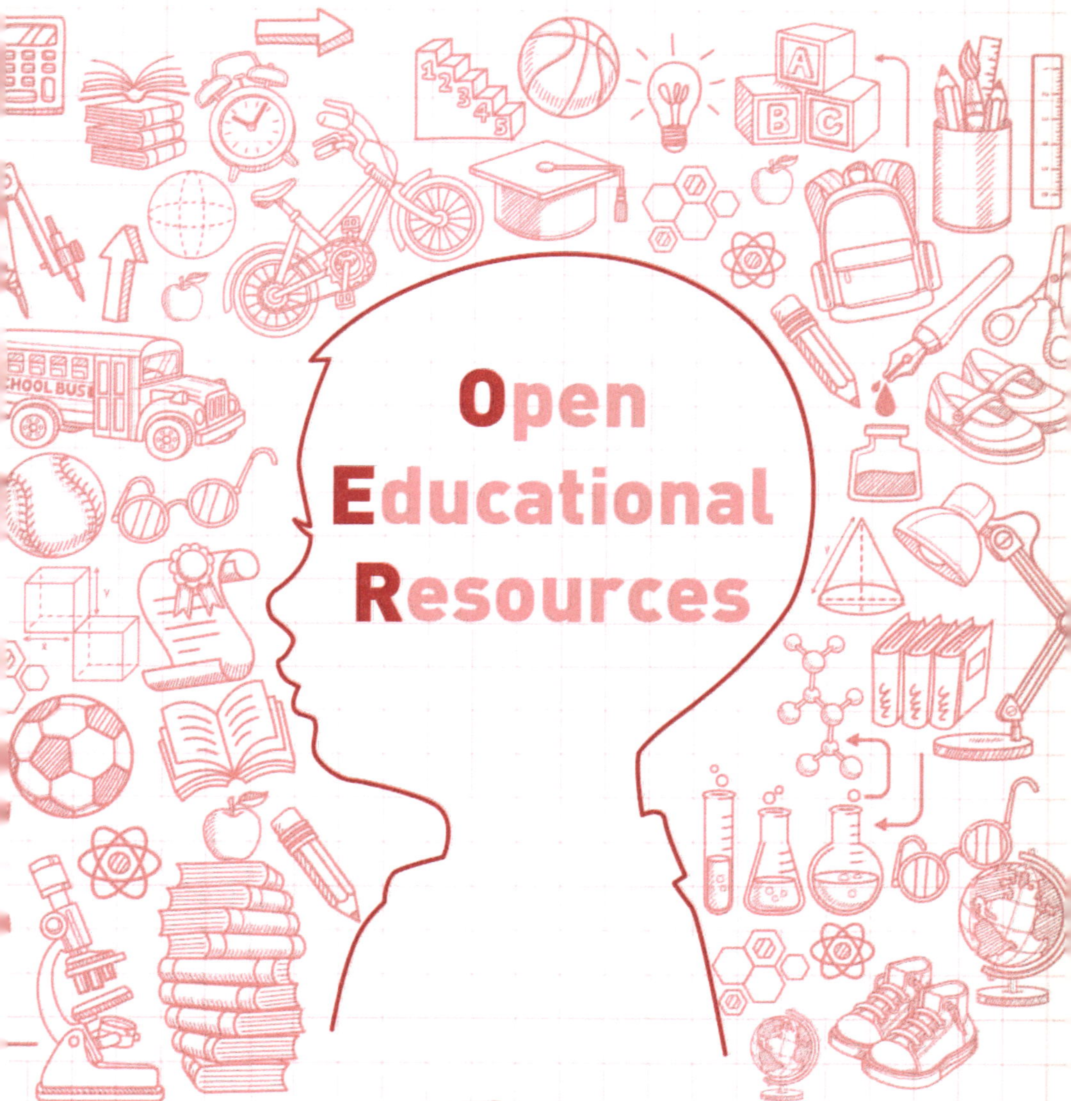

제5장

미국 K-12 교육에서의 OER 현황

Open Educational Resources

제5장

미국 K-12 교육에서의 OER 현황

메루에르프 아쓸베코바 & 김수연

"Anyone who stops learning is old, whether at twenty or eighty. anyone who keeps learning stays young. The greatest thing in life is to keep your mind young."

-Henry Ford

이 장에서는 미국 K-12 교육 맥락에서 OER이 어떻게 활용되고 있는지를 살펴보고자 한다. 미국 K-12 교육에서는 모든 주와 학군의 학생들이 지역과 가정환경에 관계없이 동일한 수준의 질 높은 교육을 받을 수 있도록 하는 공통핵심국가기준(Common Core State Standards: CCSS)을 마련하였다. 이 정책에 의하면 미국 모든 주의 학교는 동일한 커리큘럼을 운영하며 오픈 라이선스를 사용하는 교육 자료를 공동 활용할 수 있다. 미국 교육부는 #GoOpen 캠페인을 통해 공통핵심국가기준을 지원하기도 하였다. 미국의 공통핵심국가기준은 OER을 통해 자기 속도에 맞는(self-paced), 자기-주도적(self-directed) 학습이 초중등 교육(이하 K-12 교육)에서도 가능하다는 것을 보여준다.

1 K-12 교육에서의 OER 정책

가. CCSS 개념 및 정의

다음은 미국의 오바마 전 대통령이 2004년 국민들에게 보낸 메시지이다.

> "진보적인 미국도, 보수적인 미국도 없다. 우리에게는 오직 하나의 미국만이 있을 뿐이다. 흑인의 미국도, 백인의 미국도 그리고 라티노 미국도, 아시아 미국도 없다. 우리에게는 오직 하나의 미국만이 있을 뿐이다"(Obama, 2004).

오바마 전 대통령의 메시지는 미국의 교육정책에도 반영되었다. 21세기 핵심 역량으로 꼽히는 의사소통(Communication), 협력(Collaboration), 창의력(Creativity), 비판적 사고(Critical thinking)를 가르치기 위한 공통핵심국가기준(CCSS)이 미국의 모든 주에서 시행된 것이다(미쉘, 2014). CCSS란 미국의 아이들이 어떤 도시에서 태어났든 어떠한 가정환경에서 자랐든 관계없이 공교육 기관에서 같은 수준의 교육을 받을 수 있도록 전국적으로 동일한 교육과정을 도입하자는 교육개혁이다(미쉘, 2014). CCSS는 각 주마다 사용하는 학습 기준의 차이를 하나로 통일하여 효율성을 높이는 것을 목적으로 전국주지사협회(National Governors Association: NGA)와 전국교육감위원회가 함께 추진하였다(박영서, 2015). 2009년에 CCSS 실행계획이 발표되고 2010년, 전국주지사협회와 교육감위원회에서 구체적인 기준을 마련하였다(박영서, 2015). CCSS는 마이크로소프트의 빌 게이츠(Bill Gates)와 SAT 주관사인 College Board의 데이비드 콜먼(David Coleman)이 후원하며, 2011년에 처음으로 켄터키(Kentucky) 주에서 채택되어(윤, 2015), 이후 워싱턴 DC, 텍사스, 알래스카, 버지니아, 네브

래스카, 그리고 미네소타를 제외한 45개 주와 3구역으로 확대되었다(Bliss & Patrick, 2013; CCSSO, 2014).

CCSS는 각 주에서 자율적으로 실시하던 교육기준과 평가 시스템을 개혁하고 학생들의 글로벌 경쟁력을 높이기 위해 개발된 것이다(윤, 2015). CCSS는 학생들이 각 학년에서 배워야 할 기준을 제시하며 특히, 영어와 수학의 경우 높은 수준의 학력기준이 제시되고 있다. 이러한 기준은 모든 학생이 고등학교를 졸업하고 대학과 직장 생활에 성공하는데 도움을 줄 수 있도록 고안되었다(CCSSI, 2015). CCSS의 도입은 각 주가 서로 협력하고 디지털 콘텐츠와 관련자료, 전문가 양성에 공공예산을 투자하여 보다 자유롭게 교육자료에 접근하고 사용, 공유할 수 있는 새로운 기회를 마련할 것이라고 기대된다(CCSSO, 2014).

나. CCSS 도입 배경

미국이 CCSS 도입한 데에는 다음의 두 가지 이유가 있다. 첫째, 미국에서 심각한 문제로 대두되는 학생 간, 그리고 주별 학력 불균형을 완화하기 위한 취지이다. 미국은 주마다 학력기준에 따라 서로 다른 커리큘럼과 평가 방식을 채택하고 있었다. 그렇기 때문에 다른 주로 이사가는 학생의 경우는 새로운 교육내용과 학업수준에서 적응하는 과정이 상당히 어려웠다. 나아가 SAT(Standard Assessment Test)와 ACT(American College Test)의 성적 결과에서도 주마다 큰 차이가 있었다. CCSS는 이러한 문제점을 해결하기 위한 노력으로 볼 수 있다. 둘째, 미국 학생들의 낮은 학업성취도를 높이기 위한 해결책으로 CCSS를 도입하게 되었다는 견해도 있다. 지난 몇 년간의 PISA(Programme for International Student Assessment) 결과에 따르면 미국 학생들의 학업성취도는 아시아뿐만 아니라 유럽 국가들의 학생들보다 떨어지고 있다. 또한 매년 미국의 순위가 내려가고 있어 국가 차원에서 미국 학생들의 학력 제고가 필요하다는 문제의식이 제기된 것으로 볼 수 있다(윤, 2015).

다. K-12의 주별 OER 실행계획

CCSS의 새로운 교육기준에 맞추기 위하여 미국의 모든 교과서가 개편되었고 학생들을 위한 권장 도서 목록도 변화하였으며 온라인 교육이 새롭게 추가되었다(윤, 2015). OER은 새롭게 추가된 온라인 교육에서 활용될 수 있을 것으로 기대된다(Bliss & Patrick, 2013). 또한 OER은 미국의 주정부와 다른 교육 기관들 간의 관계에도 긍정적인 영향을 미칠 것으로 보인다. 예를 들면, 주 간 협력과 파트너십, 서로 간 지식 공유의 증가, 자료 개발에 쓰이는 비용의 절감, 자료의 품질 개선, 커뮤니티의 관계 개선 같은 이점들을 들 수 있다. 일부 주에서 발표된 OER 실행계획은 다음 <표 5-1>과 같다(Bliss & Patrick, 2013).

〈표 5-1〉 주별 K-12 OER 실행 계획

주	특징	URL
워싱턴 D.C.	오픈코스도서관(open course library) 관련한 법안을 CCSS 기준에 맞게 개발하였다. 오픈코스도서관은 그 지역의 학생들에게 풍부한 최신 교육 자료를 제공할 계획이다.	–
캘리포니아	2009년에 캘리포니아 주지사 아놀드 슈워제네거(Arnold Schwarzenegger)는 무료 디지털 교과서 실행계획을 시작했다. 이것은 캘리포니아 주 콘텐츠 기준에 맞는 무료 혹은 공개된 수학과 과학 교과서로부터 출발했다. 처음에는 20개 교과서를 검토했고, 그중에 10개는 90% 이상의 국가 콘텐츠 수준을 만족하는 것으로 나타났다.	www.clrn.org
플로리다	플로리다 교육부는 2008년에 무료 읽기(FreeReading)의 보조 교재 프로그램 목록에 대한 OER 정책을 받아들인 첫 번째 주 교육기관이다.	www.freereading.net

메인	메인 주는 EETT Title-IID 자금을 품질 관리 과정 개발 그리고 8개의 학문분야에서 사용하는 OER 활용과 전문가 개발을 위해서 지원했다. · EETT-Enhancing Education Through Technology programs.	www.maine.gov www.syntiro.org/oer http://maine.edc.org/
메릴랜드	메릴랜드 주는 EETT Title-IID 자금을 교사와 학생의 교실에서의 OER 활용을 증가시키는 시스템과 오픈-라이선스된 자료에 투자하기로 결정했다. [Note: 이 프로젝트는 오픈소스 학습객체 저장소(Learning Object Repository) 개발, 메타 태그(meta tag) 개발, 교직발달 개발을 포함한다).]	
오레곤	오레곤 주는 오레곤 가상 학교를 통해 구역을 오레곤 공립학교 교사들에게 무료로 OER을 포함한 온라인 교수-학습 자료를 제공하여 자료의 유용성과 접근성을 증가시키는 프로그램을 지원한다.	www.orvsd.org
텍사스	텍사스 주는 '오픈소스 교과서'를 새로운 범주의 자료로 매입할 것으로 밝혔다. [Note: '오픈소스 교과서'는 오픈 라이선스가 아닐 수도 있다. 그러나 개별 사용자가 주와 계약을 했거나 원하는 경우에는 라이선스를 가질 수 있다.]	http://ritter.tea.state.tx.us
유타	유타 주는 교육과정을 OER로 공유하고 있는 온라인 차터 스쿨(charter school)을 지원한다.	www.openhighschool.org
버지니아	2008년에 버지니아 영연방과 CK-12 재단의 오픈 물리학 교과서 개발 협력을 요구했다. 이 교과서는 과학과 관련된 최신 정보를 제공하기 위한 교과서이다. 이러한 자료들은 현재 국가 표준과는 맞지 않기 때문에 보충 자료로만 활용이 가능하다.	www.ck12.org

출처: Bliss & Patrick(2014:7).

라. K-12교육에서의 OER 활용 정책에 관한 연구

일부 주에서는 공립학교장위원회(Council of Chief State Officers: CCSSO)가 무료 사용을 승인한 OER 개발 및 보급 연구에 관심을 표명하였고 이에 CCSSO는 2014년 5월에 OER 관련 '주 현황(State of the States)' 정보 수집을 위해 조사 연구를 실시하였다. 이 조사의 목적은 각 주에서 실행하고 있는 K−12의 OER 정책 및 프로그램에 대한 정보를 수집하는 것으로 하노버(Hanover) 연구소에서 CCSSO를 대신하여 진행하였다. 연구 대상자는 58개 주의 현직 의원들과 주 교육기관 담당자들(State Education Agency: SEA)로 구성되었다. 조사는 온라인과 전화로 진행되었고 그 결과 OER 실행계획이 있는 주의 OER 활용 목적, 검토 과정, 국가 지원 그리고 자료를 보관하는 저장소의 존재 등에 대해 파악할 수 있었다. 또한 국가와 주, 지역 단위에서 OER이 고려되고 있는 방법에 대한 41개의 응답을 수집했다. 주요 설문 문항들은 다음과 같다(CCSSO, 2014).

- OER 실행 계획에 대해 잘 알고 있는가?
- OER 실행 계획에 대해 어떻게 구상하고 있는가?
- OER 활용과 홍보 방법은 어떠한가?
- OER 학습 자료의 수집과 검토는 어떻게 이루어지는가?
- OER 실행 계획 지원과 전문가 개발은 어떻게 이루어지는가?
- OER에 대해 배우는 것에 관심이 있는가?

또한 추가적으로 보다 세부적인 사항을 알아보기 위해 후속 조사를 실시하였으며 그 주제와 결과는 다음과 같다(CCSSO, 2014).

- 각 주가 내리는 OER의 정의
- OER 정책
- OER 모델과 파일럿 프로그램
- OER의 경제적 영향

대다수의 응답자들은 OER 저장소 관리 및 OER 제작방법, 그리고 다른 주의 OER 활용 계획에 대한 관심을 보이는 것으로 나타났다. 그리고 20명의 응답자가 OER 실행 계획을 구상하고 있었으며 이들 중 대부분은 자신들의 교육 자료를 지역과 학교 교육을 지원할 수 있도록 발전시키겠다는 의사를 보였다. 이러한 설문 결과를 살펴보면 SEA가 OER에 대한 전략 수립과 전문적인 개발, 환경, 기술적 지원의 기반을 마련하면 지역과 학교의 공통핵심국가기준 이행에 도움을 줄 수 있다는 결론을 내릴 수 있다.

OER이 K-12 교육 관계자들의 많은 관심을 끌고 있는 데에는 여러 가지 이유가 있다. K-12 교육에서의 OER 사용의 장점은 다음과 같이 정리될 수 있다(CCSSO, 2014).

- 관련자들이 쉽게 접근할 수 있고 협력하여 공유가 가능(Bliss & Patrick, 2013).
- 학생 중심의 자료 제공
- 로열티나 인증비가 없이 교육 예산을 효율적으로 관리할 수 있음
- 주별로 최적화된 교육 시스템 제공
- 자료 제공

2013년에 발간된 보스턴컨설팅그룹(Boston Consulting Group)의 보고서는 OER 운동에 대해 다음 세 가지 활용 방법에 주목하고 있다(The Boston Consulting group, 2013).

- OER은 기존의 전통적 교과서에 추가적인 활동 자료나 보충 자료로 쓰이고 있다.
- 교실에서 OER을 교육용 자료의 1차 자료로 쓴다. 여기서 전통적인 교과서 대신에 충분히 개발되거나 편집된 OER 자료가 활용되지만 교사들은 여전히 전통적인 교실 운영을 유지하려고 하는 경향이 있다.
- OER을 활용한 다양한 학습모델이 개발되고 있다.

상당수 응답자의 의견에서 알 수 있듯이 지역 차원에서의 OER 개발은 가치 있는 일이라고 할 수 있다. 앞서 언급된 보고서 결과에 의하면 미국의 26개 주에서는 OER 개발과 검토에 관련된 프로그램을 운영함으로써 OER을 활성화시키고 있다(The Boston Consulting group, 2013).

마. #GoOpen 캠페인

#GoOpen 캠페인이란 미국의 모든 주와 학군들의 교사와 학생이 지역과 가정환경에 관계없이 질 높고 공개된 교육 자료에 쉽게 접근할 수 있도록 하는 미국 교육부의 정책이다. 이는 2015년 10월 29일에 미국 교육부가 전국 주정부, 학군, 교육자들의 OER 활용을 촉진하자는 의미에서 시작함으로써 알려지기 시작하였다(Wilson, 2017). 당시 미국의 교육부장인 아르네 듄칸(Arne Duncan)은 다음과 같이 말했다:

> 교육부는 교육부의 재정 지원을 받아 제작된 모든 지적재산들에 대해 오픈 라이선스(open licensed)를 요구하는 새로운 규정을 제안하겠다. 교육부는 학생과 교사들이 그들의 가정환경 및 거주 지역에 관계없이 질이 좋은 교육 자료를 이용하게끔 보장하기 위해 주정부 및 학군들이 기존에 쓴 종이 교과서를 오픈 라이선스 교육 자료로 바꿀 것을 권유한다(Wilson, 2017).

2016년 샌프란시스코에서는 K－12에서의 OER을 촉진하기 위한 #GoOpen Exchange라는 행사가 개최되었다. 미국의 13개 주(애리조나, 조지아, 인디애나, 메릴랜드, 미시간, 노스캐롤라이나, 오클라호마, 오레곤, 로드 아일랜드, 유타, 버몬트, 버지니아 그리고 위스콘신)는 이 행사에서 처음으로 #GoOpen 이니셔티브에 참여하겠다고 발표했다. 또한 40개의 학군들에서도 #GoOpen 이니셔티브를 시작하겠다고 발표했다. #GoOpen 이니셔티브에 참여하는 학군들은 서로 협력하면서 개별 학교들이 양질의 오픈 라이선스(open licensed) 교육 자료 활용을 확대할 수 있도록 지원할 예정이다(Meola, 2016). 2016년에는 20개 주에서 #GoOpen 이니셔티브를 시작하고 이 캠페인을 지원했다(그림 <5-1> 참고)(Department of Education(US), 2016).

〈그림 5-1〉 #GoOpen 이니셔티브에 참여한 20개 주

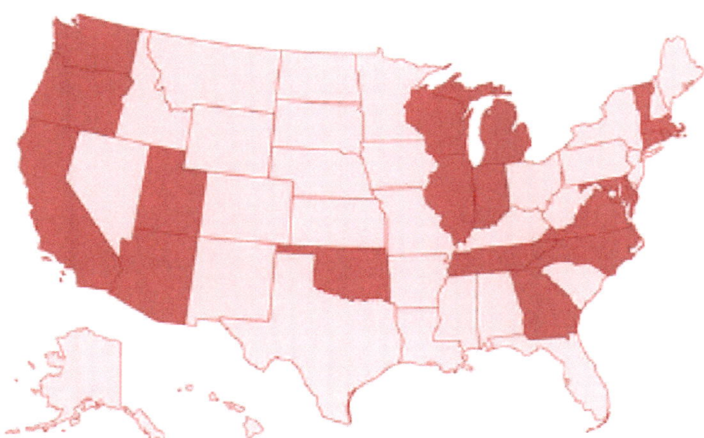

출처: Department of Education(US)(2016).

CCSSO는 #GoOpen 캠페인 지원을 위해 2015년에 OER 포털 서비스를 제공했다(http://tech.ed.gov/). 김보선, 유지선(2015)에 의하면 #GoOpen 캠페인의 기대 효과는 다음과 같다.

- 모든 주와 학군들의 교사와 학생들이 거주 지역 또는 가정환경에 관계없이 고품질의 교육 자원에 자유롭게 접근 가능하다.
- 학군들이 학생의 필요에 부응하는 맞춤 교육자원을 활용하게 되면서 미국의 교육 부문에 긍정적인 변화를 촉발한다.
- 공적 자금으로 개발된 지적재산에 대해 오픈 라이선스를 의무화함으로써 양질의 교육자원을 공유하고, 교사들이 저작권 침해 없이 학생들의 교육 필요에 부응할 수 있도록 지원한다.

결론적으로 #GoOpen 캠페인을 통해 미국 교육부는 주정부, 학군 및 교육자가 오픈 라이선스 교육 자료를 사용하여 교육 및 학습을 변화시키고 지역과 가정환경에 관계없이 미국의 모든 학생들에게 같은 수준의 질이 높은 교육을 받을 수 있는 기회를 제공하고자 한다.

2 K-12 교육에서 OER 활용 사례

가. 칸 아카데미(Khan Academy)

1) 설립 배경

미국 초·중등 교육에서 OER의 대표적인 사례로는 칸 아카데미(Khan Academy)를 들 수 있다. 칸이 2004년에 수학에 어려움을 겪는 13살 사촌 동생 나디아(Nadia)에게 전화로 수업을 한 것이 칸 아카데미의 시작이었다. 서로 직접 만나는 것이 어려워지자 칸은 수업을 비디오로 찍어서 사촌 동생에게 보내기 시작했는데 어느 날부터는 나디아가 먼저 칸에게 수업을 비디오로 찍어서 보내달라고 요구하기 시작했다. 그 이유는 본인이 아는 부분을 빨리 넘어가고 어려운 부분은 다시 보면서 복습할 수 있어서 편리했기 때문이었다. 이러한 칸의 교수법은 가족 단위를 넘어 전국적으로 유명해지게 되었고 2006년에는 마침내 비영리 교육 재단인 칸 아카데미를 설립하기에 이른다(Thompson, 2011; Noer, 2012). 살만 칸이 인터넷으로 여러 명과 수업하면서 학습을 돕는 방법을 찾고 있을 때 장소와 시간 제약을 받지 않는 유튜브(YouTube)에 동영상 강의를 업로드 한 것이 본격적인 칸 아카데미의 시작이 된 것이다(김회미, 2013).

2010년 14만 4천 명이었던 칸 아카데미 이용자는 2014년 2월에 천만 명으로 늘어났다. 이 중 미국에서 칸 아카데미를 이용하는 비율은 65%로 나타났다(Murphy et.al., 2014). 현재 칸 아카데미의 강의는 무료로 전 세계 20,000개의 교실에서 활용되고 있다(Noer, 2012).

2) 특징

칸 아카데미는 별도의 회원 가입 절차가 없고 구글이나 페이스북 계정으로 로그인할 수 있어서 접근성이 높다. 칸 아카데미의 가장 특징적인 서비스는 온라인 동영상 강의, 연습문제, 학습 통계 인포그래픽 그리고 지식 지도이다. 칸 아카데미는 막대한 양의 무료 동영상 강의를 유튜브를 통해 업로드하는데 주로 수학과 과학 과목을 중심으로 하며 인문학, 경제학 등의 강의도 업로드되고 있다. 강의는 학습자가 직관적으로 이해할 수 있도록 그래픽과 색감을 이용하여 효과적으로 전달된다. 예를 들어, 수학과 과학에서 문제 풀이를 할 때 교사가 칠판에 직접 풀이하는 것처럼 초록색 배경을 이용한다. 또한 그래픽이나 인포그래픽을 이용해 강의 진행 상황을 표시하는 등의 상호작용적인 요소를 활용하여 학습자의 강의 이해를 돕는다.

동영상 강의 외에 또 다른 칸 아카데미의 특징적 교육 콘텐츠는 문제품이다. 학생들은 수준별 강의를 시청한 후 연습 문제를 풀 수 있다. 연습 문제는 마치 공책 위에 쓰는 것처럼 구현되며 학생들에게 문제풀이가 가능한 연습장도 제공된다. 학생들은 마우스를 펜처럼 사용하여 연습장에 메모하며 문제를 풀 수 있다.

칸은 현재의 교육체제인 단계별 커리큘럼은 어느 부분에서 어려움을 겪으면 그 다음 단계도 이해할 수 없는 구조이기 때문에 학습자가 학습에서 어려움을 겪을 때 정확한 원인을 파악하는 것이 중요하다고 강조한다. 칸 아카데미에서는 이를 실현하기 위해 학습 상황을 기록하는 기술을 개발하였다. 이러한 기술은 학습자의 학습 정보를 한눈에 파악할 수 있도록 그래픽으로 표시하고 학습 성취도에 따른 배지(Badge)를 수여하는 데도 활용된다.

또한 칸 아카데미에서는 지식 지도를 통해 학습 정보를 지도로 구성하여 학습자가 지금까지 학습한 내용들 간의 연관성과 이후 학습할 내용을 보기 쉽게 제시한다. 학습자는 지식 지도를 통해 학습한 내용을 확인하고 학습에 어려움이 있는 부분과 관련 있는 단계로 돌아가서 다시 복습을 할 수 있어 스스로 어려움을 겪는 부분의 원인을 찾아 해결할 수 있다(김회미, 2013).

3) 활용 사례

칸 아카데미를 수업에 처음 도입한 사례는 캘리포니아 로스앨터스(Los Altos)에 위치한 산타 리타(Santa Rita) 공립초등학교의 수학 교사인 소다슨(Thordarson)이 수학 수업으로 알려져 있다(Thompson, 2011). 소다슨은 칸 아카데미 비디오를 학생들이 미리 집에서 보고 오게 하고 수업 시간에는 문제를 풀게 했다. 학생들이 문제를 풀 때, 교사의 도움을 가장 필요로 하기 때문이다. 이러한 수업 방식은 질문이나 이해가 어려운 부분에 대해 교사가 학생들에게 충분히 설명할 수 있는 기회를 제공한다. 또한 칸 아카데미에서 교사들에게 제공하는 대시보드 앱은 교사가 학생들의 학습 상황을 관찰할 수 있도록 지원하였다. 교사는 이 앱을 활용하여 학생들이 어려움을 느끼는 부분과 문제를 푸는 데 걸리는 시간까지 파악할 수 있다. 결과적으로 수학에 어려움이 있는 학생들은 교사의 설명을 더 듣고 복습할 시간을 가지게 되었고 개념을 이해하고 문제를 잘 풀 수 있는 학생들은 다음 단계로 넘어갈 수 있게 되었다. 칸 아카데미는 다음 공부 주제를 추천해주기 때문에 학생들이 자신의 수준에 맞게 진도를 나갈 수 있다. 칸 아카데미를 활용한 수업 방식 도입 결과 소다슨 교사의 학급에서는 평균보다 낮은 성적을 받은 학생이 13%에서 3%로 줄어들게 되었다(Thompson, 2011).

칸 아카데미 프로그램의 효과에 대해서는 2011년 진행된 빌과 멜린다 게이츠(Bill & Melinda Gates) 재단에서 스탠포드 국제연구소(SRI International)와 같이 진행한 연구에서도 확인할 수 있다. 2년 동안 진행된 이 연구는 9개 사이트, 20개 학교, 70명 이상의 교사들이 참여하여 진행되었다. 4개 사이트는 2년 동안, 그리고 나머지 5개의 사이트는 1년 동안 연구에 참여했다. 대부분의 사이트들은 저소득 지역의 학생이나 수학에 큰 도움이 필요한 학생들에게 보충학습을 제공하기 위하여 사용되었다. 파일럿 학교 사이트들은 학교 유형(공립, 차터 스쿨(charter school)과 독립학교(independent school))과 학교급(초등학교, 중학교, 고등학교)을 대표하는 곳으로 선택되었다. 그리고 매년 5학년에서 10학년 사이의 2,000명 학생이 연구 대상으로 모집되었다. 공립초등학교의 한 사이트는 8개 학교의 50명 교사와 1,000명의 학생이 참여하여 제일 많은 참여자 분포를 보였다. 다른 사이트의 참여자들은 한 학교의 교사 한 명이거나 2-3개의 학교에서 근무하는 교사 5-6명인 경우도 있었다(Murphy et.al., 2014). 자료 수집은 사이트 방문과 관찰 그리고 사이트 관리자들 교사, 학부모, 학생들과의 면접이나 비공식적 대화를 통해 이루어졌다. 또한 교사와 학생 대상으로 설문을 실시하였고 구할 수 있는 표준화된 시험점수를 분석하여 학생들이 칸 아카데미를 사용했을 때의 사용자 데이터를 수집하였다(Murphy et.al., 2014).

스탠포드 연구소와 게이츠 재단은 2011-2012학년도와 2012-

2013학년도에 연구에 참여했던 학교에 칸 아카데미 교육 자료를 보충으로 활용할 수 있게 지원했다(Murphy et.al., 2014). 참여 사이트들은 칸 아카데미 자료를 많은 방법과 다양한 목적으로 활용하고 있었다. 그 목적에는 연습 도구, 학업성취도가 낮은 학생을 위한 추가 자료, 학업우수자에게 제공되는 풍부한 학습 활동 자료 그리고 학생의 성적과정을 보기 위한 책무성 도구 등이 포함되었다. 각 학교에서도 칸 아카데미 교육용 자료를 기관의 목적과 교사의 개인적인 목표에 따라 다양한 방법으로 도입했다.

이 연구의 결과는 학생과 교사의 인식 조사로 정리되었는데 학생들의 칸 아카데미 활용에 대한 인식은 매우 긍정적이었다. 응답한 학생 가운데 71%의 학생은 칸 아카데미 활용 수업을 좋아했고 32%는 칸 아카데미를 통해 수학을 좋아하게 됐다고 했다. 그리고 칸 아카데미 도입 기간에 학생들의 수업 참여도가 모든 학년에서 높았던 것으로 나타났다. 초등학생들은 포커스 그룹 인터뷰에서 "칸 시간(Khan Time)"을 즐겼다고 응답했고 교사들의 반응도 이와 마찬가지였다.

2012–2013학년도에는 10명 중 8명의 교사가 학생들이 칸 아카데미 활용 시간을 좋아했다고 응답했고, 학생들은 칸 아카데미가 독립적인 학습을 격려한다고 인식했다. 이는 실시간 피드백, 힌트와 비디오 사용이 언제든지 가능했기 때문인 것으로 나타났다. 그리고 45%의 학생이 교사의 도움 없이 칸 아카데미를 통해 수학에 대해 새로운 내용을 스스로 공부할 수 있었다고 답했다. 86%의 교사들은 다른 교사들에게 칸 아카데미 활용을 추천한다고 답했고 89%의 교사는 내년에도 칸 아카데미를 활용하겠다고 응답했다. 그리고 칸 아카데미의 성공적인 도입에는 사이트에 올라온 자료를 무료로 사용할 수 있었다는 점과 모든 학생들에게 컴퓨터가 공급된 것이 큰 역할을 한 것으로 나타났다 (Murphy et.al., 2014).

나. MOOC 활용

MOOC은 고등 교육에서 출발했고 대학생이나 성인들이 많이 활용하고 있는 21세기 교육 시스템이라고 할 수 있다(Bhaskar, 2013). 그러나 MOOC은 초·중등 교육인 K-12에서도 활용되고 있으며 이러한 활용의 전형적인 모습은 전통적인 교실 수업에 테크놀로지를 활용하는 블렌디드 러닝(blended learning)으로 나타나고 있다. 예를 들어, 오하이오(Ohio) 도시 학교의 eSTEM 아카데미는 9학년에서 12학년 STEM 커리큘럼에 '환경코스(environment course)'를 도입했다. eSTEM 아카데미의 물리학 교사인 매들린 슐츠(Madeline Schultz)는 유다시티의 물리학 MOOC을 블렌디드 러닝 방식으로 교실에 도입해 학생들이 일주일에 두 번 물리학 MOOC을 듣도록 했다. 슐츠 교사는 질문이 있거나 도움이 필요한 학생이 개인적으로 따로 도움을 받을 수 있도록 하고 있다(Bock & O'dea, 2013).

또한 마이애미 대학교(University of Miami)에서 운영하고 있는 온라인 고등학교인 마이애미 글로벌 아카데미(Miami Global Academy)에서는 2013년 11월에 MOOC을 처음 도입했다. 학생들은 SAT II 시험을 대비하는 생물학 세미나 수업에 6주 동안 참여했다. 이 수업에서는 가상 콘퍼런스 소프트웨어(virtual-conferencing software)를 사용하여 교사와 학생들의 실시간 상호작용이 가능했다. 마이애미 글로벌 아카데미 교장은 이 코스에는 중국 학생들도 많이 신청했으며 코스에 대한 반응이 상당히 긍정적이라고 평가하였다(Bock & O'dea, 2013).

이와 같이 MOOC은 대학 진학 준비에도 도움을 줄 것으로 보인다. 브라운 대학교(Brown University)에서는 공대 신입생들이 입학한 후 얼마 되지 않아서 전공을 바꾸는 경우가 많다는 것을 알고 '공학 탐구(exploring engineering)'라는 진학 준비 코스를 만들었다. 이 코스는 학생들에게 브라운 대학교 공대 입학 정보, 전공 정보 등을 소개해 준다(Bhaskar, 2013). 연구에 의하면, 파일럿으로 MOOC을 도입한 학교에서는 K-12 커리큘럼에 MOOC을 도입하기는 어렵다는 결론을 내렸다(Bhaskar, 2013; Bock & O'dea, 2013). 그 이유는 교사와 자료가 부족하고 MOOC이 커리큘럼에 맞지 않은 부분들이 있었기 때문인 것으로 나타났다. 그렇지만 MOOC을 외국어 수업에서 활용하는 것은 효과적일 것이라는 의견도 있었다(Bhaskar, 2013). 위와 같은 사례에서 알 수 있듯이 초·중등 교육인 K-12에서 MOOC을 전면적으로 도입하기에는 한계가 있다. 하지만 K-12에 적절한 방법으로 활용될 수 있는 여지는 무궁무진하게 보인다.

3 맺음말

CCSS 교육개혁은 미국 전역의 학생들이 동일한 수준의 공교육을 받을 수 있게 해주었다. CCSS는 기존의 정답 찾아내기, 시험 중심 교육에서 벗어나 실생활에서 문제를 해결하는 사고지향적인 교육을 실천해야 한다는 배경에서 시작되어 다양한 경쟁에서 살아남을 수 있는 기초적인 사고를 키워주는 것을 목적으로 한다(윤, 2015). CCSS 실행을 위해서는 다양한 지원과 정책이 필요하다. 그리고 OER은 그 중에서도 CCSS를 발전시키는 데 가장 큰 역할을 할 것으로 보인다. 살만 칸은 다음과 같은 말을 한 적이 있다.

> "나의 기본적인 교육철학은 단순하고 지극히 개인적이다. 나는 내가 공부하고 싶었던 방식으로 가르치고 싶었다. 즉, 학생들에게 순수한 배움의 기쁨, 우주의 이치를 이해할 때 겪는 흥분을 전달하고 싶었다"(Khan, 2012).

OER은 컴퓨터와 인터넷만 있으면 누구나 관심 있는 주제의 자료를 찾아서 공부하는 것을 가능하게 했다. MOOC은 OER로 하여금 한 코스를 마칠 수 있게 하며 칸 아카데미는 K-12 교육에서 자기 속도에 맞는 자기 주도적 학습이 가능하게 하였다. OER은 어떤 과목을 처음 접하여 어려움을 겪는 학생에게든 예전에 배웠던 지식을 살리고 싶은 어른에게든 모두에게 도움을 주며 자신이 좋아하는 방식으로 공부할 수 있게 한다. 초·중등 교육에서 OER의 대표적인 칸 아카데미를 학교에서 성공적으로 활용한 사례들이 많아지고 있다. 칸 아카데미를 활용한 교실은 거꾸로 교실로 이어진다. 칸 아카데미는 OER을 수업 시간에 활용하게 할 뿐만 아니라 연습할 수 있는 문제 풀이까지 제공해주기 때문에 더 효율적이었다. 그렇기 때문에 칸 아카데미는 가장 많이 이용되는 교육 플랫폼으로 발전할 수 있었다. 빌 게이츠는 자녀들이 수학 문제를 풀 때 칸 아카데미 사이트를 이용했다고 공개적으로 말한 적이 있다(Noer, 2012). 이러한 사례들을 통해 초·중등교육에서의 OER 활용은 교육의 모습을 변화시킬 수 있다는 것을 알 수 있다. 미국 정부는 전 세계적으로 초중등 교육인 K-12에서 OER 활용을 확장하고 가용성을 가속화하기 위한 노력을 계속할 것이라고 발표했다(Schaffhauser, 2015). 이러한 미국의 정책적 시도들은 한국을 비롯한 전 세계의 국가들이 OER을 초·중등 교육에서 접목시키는 개혁을 시도하는 데 많은 시사점을 줄 것이다.

참고 문헌

김보선, 유지선(2015), 2015년 11월 1호 교육정보화 글러벌 동향. Keris.

미쉘(2014), 미국 공립학교의 새로운 커리큘럼 커먼고어(CCSS). Retrieved from http://m.blog.naver.com

박영서(2015), 미국뉴스 따라잡기: 공통핵심기준. Retrieved from www.voakorea.com

윤크리스(2015), 미국의 주요 교육정책 동향과 시사점: 글로벌 경쟁을 위한 미국의 교육개혁. Retrieved from http://edpolicy.kedi.re.kr/EpnicForum

Bhaskar S. (2013), How to use MOOCs in K-12 education? Retrieved from http://edtechreview.in/trends-insights/

Bliss TJ & Patrick S. (2013), OER state policy in K-12 Education: Benefits, Strategies, and Recommendations for Open Access, Open Sharing. iNACOL.

Bock M & O'dea V. (2013), Virtual Educators Critique Value of MOOCs for K-12. Retrieved from www.edweek.org

CCSSO. (2014), State of the States: Open Educational Resources in K-12 Education. Council of Chief State School Officers.

CCSSI. (2015), Common Core State Standards Initiatives. Retrieved from www.corestandards.org

Department of Education(US). (2016), https://tech.ed.gov/open/states/

Kim. (2013), CCSS(Common Core State Standards) 가이드. The Korea Times. Retrieved from http://www.koreatimes.com/article/814679

Khan S. (2013), 나는 공짜로 공부한다. RHK.

Meola O. (2016), CCSSO Supports State #GoOpen Initiatives. Retrieved from http://www.ccsso.org/News_and_Events/Press_Releases/CCSSO_Supports_State_GoOpen_Initiatives.html

Murphy R., Gallagher L., Krumm A., Mislevy J., Hafter A. (2014), Research on the Use of Khan Academy in Schools. Research Brief., Menlo Park, CA:SRI International. Retrieved from www.sri.com

Noer M. (2012), One Man, One Computer, 10 Million Students: How Khan Academy Is Reinventing Education. Forbes. Retrieved from www.forbes.com

Obama. (2004), Democratic National Convention Keynote Address. Retrieved from www.wikipedia.org

Schaffhauser D. (2015), U.S. Government Commits to Expansion of OER in K-12. THE Journal. Retrieved from www.thejournal.com/articles

The Boston Consulting Group. (2013), The open educational resources ecosystem: An evaluation of the OER movement's current state, and its progress toward main-stream adoption. Retrieved from http://www.hewlett.org/programs/education/open-educational-resources

Thompson C. (2011), How Khan Academy Is Changing the Rules of Education. Wired digital. Retrieved from www.wired.digital.org

Wilson (2017), #GoOpen regional Summit. Retrieved from https://sites.google.com/a/ccpsnet.net/edtechhub/tech-services/integrators/blog/joinusaswegoopen?tmpl=%2Fsystem%2Fapp%2Ftemplates%2Fprint%2F& showPrintDialog=1

제6장

OER을 활용한 수업사례와 전략

Open Educational Resources

제6장

OER을 활용한 수업사례와 전략

박종향

본 장에서는 OER의 활용과 관련하여 열린교육체제의 실천을 강조하는 공개교육활동(Open educational practices: OEP)의 등장배경과 OER을 활용한 수업 사례를 살펴보고자 한다.

1 OER과 OEP

가. OEP(Open Educational Practice)의 개념

공개교육활동(OEP)은 OER의 사용 및 생산을 지원하고 혁신적인 교육 모델을 만들기 위한 실천으로 개방형 학습구조의 틀에서 자원을 사용하는 것을 의미한다. 즉, OEP는 OER의 사용, 공유, 적용 방법이 강조된 개념이라고 볼 수 있다. 다시 말해 OEP는 OER을 공유하고 생산하는 데만 목적을 두는 것이 아니라 교수·학습 활동에서 OER을 기반으로 상호작용, 지식 창출, 동료학습, 공동학습, 학습자중심 학습 등의 실천을 지향한다. 따라서 OEP는 OER의 생산과 (재)사용을 지원하며 혁신적인 교육적 모델을 증진시키려는 실천, 그리고 평생교육에서 학습자를 보조생산자(co-producer)로써 강화시키는 역할을 하기도 한다(Ehlers, 2011; ICDE, 2012).

OER과 OEP를 교수·학습 관점으로 접근하는 이유는 이들의 등장이 공개 자원의 질 향상에도 영향을 미칠 뿐만 아니라 교수·학습의 패러다임 변화와도 연관되어 있기 때문이다(Ehlers, 2011). 일방적으로 지식을 전달하던 전통적 교수 활동이 지식의 창조와 구성을 강조하는 학습 패러다임으로 이동하면서 OER과 OEP의 공개/열린(open)의 개념은 기술 발달의 의미나 사회적 현상으로 설명되는 것을 넘어 교육적 패러다임과 결부되어 논의될 수 있다.

Ehlers(2011)는 OER의 활용 정도와 학습구조의 관계에 따라 OEP를 <그림 6-1>과 같이 설명하였다. 가로 축은 OER의 활용 정도에 따라 전혀 사용하지 않음 또는 OER 사용부터 (재)사용 및 제작까지 3단계로 구분된다. 세로 축의 학습구조는 공개의 의미를 어떻게 해석하는지에 따라 개별 또는 조직에서 이루어지는 학습 행동을 모두 3단계로 나누었다.

학습 구조의 낮은 단계는 교수·학습의 방법뿐만 아니라 교육의 목적도 닫힌 상태이다. 이 때의 학습의 목표는 지식을 알고 기억하는 것에 중점을 두고 있기 때문에 교수학습은 일방적으로 이루어진다. 보통 교수자가 학습자에게 배워야 할 지식을 전달하는 데 집중한다. 중간 단계에서는 학습 목표가 미리 정해진 상태이지만 교수·학습 방법은 개방된 상태이다. 중간 단계는 문제기반학습(PBL) 또는 토론중심학습과 같은 학습을 통해 학습자가 참여하고 지식보다는 노하우를 발전시키는 데 초점이 맞춰진다. 학습 구조가 높은 단계에서는 교수·학습 방법, 객체 모두 개방된 상태로 학습 목표와 방법이 학습자에 의해 결정되고 관리된다. 학습자에 의해 질문 또는 문제 풀이가 이루어지기 때문에 학습자 경험기반의 다양한 학습 경로가 만들어질 수 있다.

예를 들어 OER 사용이 없는 자율학습, 프로젝트 기반 학습을 생각해보자. 이 수업에서 교육 자원은 활발하게 사용되지 않지만 상호작용

〈그림 6-1〉 OEP의 구성 메트릭스

		OER 사용		
		no OER	OER usage	OER (re)usage or creation
학습 구조	상(High) - 열린(open) 객체 - 열린(open) 방법	A	B	C
	중(Medium) - 닫힌(closed) 객체 - 열린(open) 방법	D	OEP 증가 E	F
	하(Low) - 닫힌(closed) 객체 - 닫힌(closed) 방법	G	H	I

출처: Ehlers(2011).

적이고 자율적인 학습 환경이 조성된다. 비록 OER 사용 및 제작의 수준은 낮지만 교육의 개방성은 높다고 볼 수 있다. 슬라이드를 사용하여 학생들에게 지식을 전달하는 OER 활용의 강의를 생각해보자. 즉, OER은 사용되지만 교수·학습 방법은 전통적인 강의식으로 교육의 개방성은 닫힌 상태로 볼 수 있다. 자원을 사용하는 개방 정도와 교육을 실천하는 정도에 따라 <그림 6-1>과 같이 다양한 OEP의 스펙트럼을 볼 수 있다.

그러나 이와 같은 실천을 모두 OEP라고 할 수는 없다. OEP는 교육의 질적 향상과 혁신을 목적으로 OER을 사용하고 관리하는 활동이 기반되어야 하기 때문이다. 따라서 교훈적, 전통적 수업체제에서의 OER 활용은 OEP라고 할 수 없다. 반면에 학습자가 중심이 되어 OER을 만들어 사용하거나 학습자 또는 교수자(퍼실레이터)가 매체를 만들어 학습 결과물을 공유하고 함께 논쟁하는 수업이라면 진정으로 열린 교육적 실천이라고 할 수 있다.

<그림 6-2>는 열린 교육을 실천하는 주체와 객체의 참여 여부

에 따라 OEP의 활동을 구분하고 있다. 이 메트릭스를 통해 우리는 자신이 어떤 수준의 OEP를 실천하는지 확인할 수 있다. 예를 들어, 열린(open) 교육을 실천할 수 있는 '개인의 자유'와 협동하거나 공동 실천할 수 있는 '타인의 참여' 여부에 따라 OEP의 궤도가 달라진다. OEP에 대한 개인적 자유 정도가 낮은 단계는 주어진 자신의 상황(교수 또는 학습)에서 어떠한 OEP도 권장되지 않는 상태이다. 중간 단계는 교수·학습 상황에서 OEP가 존재하긴 하지만 공유되거나 보편적으로 실현된다고 보기 어렵다. 높은 단계는 모든 교수·학습 활동에 OEP가 내재되어서 실천되는 상태이다.

두 번째 차원은 사회적으로 OEP가 어떻게 내재되어 실천되는지 다른 사람들이 OEP에 참여하는지의 여부를 보여준다. 만약 개별적 상황에서만 OEP가 권장되거나 개인의 실천만 존재한다면 다른 사람의 참여는 거의 불가능하다. 반면 OEP가 모든 교수·학습 활동에 내재되어 존재한다면 OEP는 더 많은 그룹으로 실천도가 높아진다. 결국 조직 내에서 OEP를 강조하기 위해서는 조직의 문화와 같은 사회적 환경도 중요한 역할을 한다.

〈그림 6-2〉 OEP의 확산 메트릭스

		OEP에서 다른 사람의 참여		
		하(Low)	중(Medium)	상(High)
OEP의 개인적 자유	고(High) 고차적 OEP	A	B	C
	중(Medium) 부분적 OEP	D	OEP의 궤도	F
	저(Low) 미비한 OEP	G	H	I

출처: Ehlers(2011).

나. OER과 OEP의 관계: OER의 눈부신 성장, 그리고 OEP

OER 운동은 테크놀로지에 기반하여 웹상에 교육자원을 무료로 개방함으로써 국경과 계층을 넘어 모든 이들에게 평생교육의 기회를 제공하는 데 의의를 둔다(OECD, 2007; 양성혜, 2010; 차현진, 박태정, 2013). 이 운동은 2001년 온라인으로 대학 강좌를 무료로 개방한 MIT의 OCW 프로젝트를 기점으로 시작하였다. 그후 세계의 우수 대학들이 OER 운동에 적극 참여하며 2007년 1월에는 세계 300개 이상의 대학에서 3,000개 이상의 OCW를 개설하였다(OECD, 2007). 대표적으로, MIT의 OCW(Open Course Ware), 스탠포드의 iTunes, 라이스대학의 커넥션즈(Connexions), 영국의 OpenLearn 등의 플랫폼을 확인할 수 있다. 스탠포드는 Apple iTunes 플랫폼에 스탠포드대의 강의, 프레젠테이션, 이벤트·공지, 음악 등 대학 전반의 오디오와 비디오 자료를 탑재하여 보관하고 있으며(itunes.standord.edu), 라이스대학의 커넥션즈는 특정 학교 또는 대학의 수준만이 아닌 다양한 수준, 다양한 언어의 교육자료를 포함한 OER을 소유하고 있다. 또한 Udacity, Coursera, EDx와 같은 기업에서도 대형온라인오픈코스(Massive online open courses: MOOCs)를 함께 운영하기 시작하였다.

국내에서도 2007년 한국교육학술정보원(KERIS)이 국가차원에서 OER의 생산과 보급에 힘쓰고 있다. 전 세계적으로 OER운동은 교육자원의 접근과 생산에 초점이 맞춰져 있을뿐 교육자원의 질과 사용 의도에 대한 언급은 제한되었다. 다시 말해 OER의 보급 및 생산은 성공적으로 이루었다고 볼 수 있으나 교육자원의 질과 그 활용 측면에서는 성공적이라 하기 어렵다.

OER의 품질은 교육적 상황의 교수자 또는 학습자가 제외된 채 어떠한 맥락에서의 학습 경험이 아닌 콘텐츠의 성격으로만 판단되어 평가된다(Ehlers, & Conole, 2010). 교육 자원은 특정 교수자 또는 학습자를 통해 자원이 사용되는 상황에서 실제적 의의를 갖게 됨에도 불구하고 교육의 질은 객관적 특성으로 평가 또는 판단되고 있다.

그러나 OEP는 단순히 OER을 교육적 사용에만 초점을 두고 있는 것이 아니라. 전통적 교육 상황을 벗어나 OER 사용을 통해 혁신적인 교육환경을 조성하는 데 의도를 가지고 있다. OEP는 자원의 가용(availability) 단계에만 머물러 있는 것이 아니라 자원을 재생산하고 각 자원들을 연결하며 적용하여 실제 실천에 이르기까지 상위의 교육 목표달성에 목적이 있기 때문에 특정 상황에서의 실천을 평가 받는다(Ehlers, & Conole, 2010). 즉, OEP의 질은 단일 콘텐츠에 대한 단편적 평가가 아니라 교육적 실천의 변화를 이끄는 데 목적이 맞춰져 있다.

사회는 개인 단위에서 자유롭게 OER을 생산하던 시기를 지나 조직 및 사회의 OER 보급 단계를 넘어서 이를 활용하여 실천하는 데 목표를 두는 OEP 단계에 도달할 필요가 있을 것이다.

그럼에도 불구하고 고등교육기관에서 OER의 실천적 활용을 방해하는 요인으로 다섯 가지가 있다. 첫째 제도적 지원의 부족, 둘째 자원 공유 및 적용을 위한 기술적 도구의 부족, 셋째 사용자의 기술과 시간의 부족, 넷째 자원의 질과 적합성 부족, 다섯째 개인적 관심과 신뢰의 부족이다(OPAL, 2011). 이 가운데 조직 내 공유 문화, 기술, 시간, 신뢰, 적합성의 부족 등은 지원의 부족과 연계되고 오직 한 가지만이 기술적 도구와 관련되었다. 아시아 지역의 OER의 활용현황을 분석한 연구(이은정, 김용, 2012)에서도 OER 사용의 저해요인으로 개인과 사회의 인식부족을 꼽았다. 즉, OER의 활용을 위해서는 기술의 발전, 새로운 매체의 개발과 같은 하드웨어의 구축보다 OER을 이용하는 개인·조직의 인식 변화가 필요하다는 것이다.

이와 관련하여 기관과 정책적 차원에서는 OER의 보급을 위해 콘텐츠개발과 활용을 강조하는 추세이다(Schaffert & Gerse, 2008; Ehlers, 2011; 이은정, 김용, 2012). 또한 교육적 이해관계자들도 OER을 사회적 어젠다로 제시하여 OER에 대한 다양한 논쟁과 제언을 강조하고 있다(Ehlers, 2011).

2 OER을 활용한 수업 사례

최근 MOOC, edX, Udacity 등 OER의 주요 플랫폼은 대중을 대상으로 하는 강좌를 운영할 뿐 아니라 각 대학의 재학생들을 대상으로 소규모의 오프라인 병행 강좌를 지원하고 있다. 이럴 경우 기존의 온라인 강좌만을 운영하는 경우에 발생되는 콘텐츠 제공자와 교수·학습의 분리, 교육과정에서의 낮은 이수율 등의 제한점을 보완할 수 있기 때문이다(여은정, 김진백, 한승희, 2015). 플립드러닝(flipped learning)은 MOOC, Youtube, OCW 등의 OER을 활용하면서 학습자중심의 교수학습모형을 성공적으로 정착시킨 수업 사례라고 볼 수 있다. 플립드러닝은 '전통적으로 교실 안에서 이루어지던 사건이 교실 밖에서 일어나는 뒤바뀐 수업'으로(Lage et al, 2000; Bishop, & Verleger, 2013) 온라인과 오프라인 수업이 병합된 블렌디드러닝(Blended learning)의 일환으로 구분된다(Styer, 2012). 아래에서는 OER을 교수학습 활동으로 활용한 대학 플립드러닝과 초·중등 수업 사례를 소개한다.

가. OER을 활용한 대학 플립드러닝

OER을 기반으로 플립드러닝이 이루어진 대학 수업은 카이스트, 울산과학기술원, 숙명여자대학, 이화여자대학 등에서 찾아볼 수 있다. 이 경우 플립드러닝에 사용된 OER은 MOOC, YouTube, SNOW 등이 해당되며 수업에 따라 해당 학습자에게만 공개되어 공개의 범주는 다소 축소되기도 하였다.

· 카이스트(KAIST)

카이스트에서는 2012년부터 '에듀케이션 3.0'을 도입하여 교수가 직접 찍은 온라인 강의와 토론·협동형 과제·실험 등의 오프라인 활동으로 구성된 수업이 진행되었다. 교수자는 동영상을 공개된 오픈소스에 탑재하여 학생들이 미리 개념을 학습하게 제시하였고 강의실에서는 조별토론 등의 활동을 통해 학습내용을 심화하도록 하였다. 카이스트는 플립드러닝이 원활하게 운영될 수 있도록 책상을 원탁으로 바꾸고, 글라스보드나 화이트보드로 벽면을 바꾸는 등 물리적인 교수학습 환경에도 변화를 주어 학교 차원에서 OER 기반의 학습자 중심 교수·학습 활동이 이루어지도록 지원하였다. 2015년 1학기에는 이러한 에듀케이션 3.0 모델에 적용된 강의는 총 54개에 달하였다(중앙일보, 2015.11.15).

· 울산과학기술대(UNIST)

울산과학기술대는 2009년부터 에덱스(edX), 코세라, Youtube, 아이튠스 유니버시티 등의 외부 동영상을 활용한 온라인 강의를 시작하였다. UNIST는 국내 최초로 플립드러닝을 시도한 대학으로 2009년 3과목, 2013년 32과목, 2014년 66과목으로 플립드러닝의 적용을 확산시키고 있으며 2012년부터 매년 플립드러닝 사례집을 출판하여 수업설계, 교수전략 등을 제시하고 있다(unist.or.kr; 중앙일보, 2015.11.15).

· 숙명여자대학교

숙명여자대학은 해외유명대학 MOOC 4개 수업을 혼합형학습(blended learning) 형태로 활용하여 44명의 오프라인 수강학생 중 22명(50%)이 수료증을 받게 한 사례가 있다. 오프라인 수업은 인터넷 생중계에 구글 행아웃을 이용하여 누구나 참여할 수 있도록 하며, 수업마다 페이스북을 만들어 수업과 연관된 자료를 공유하고 소통하도록 하였다. 또한 해외의 MOOC 수업을 효과적으로 학습할 수 있는 웹사이트(디지털휴마니티즈 센터, KCDH/Korea Center for Digital Humanities at Sookmyung Women's University)를 구축하여 스터디그룹과 튜터 시스템을 운영하고 있다(김형률, 2015).

· 이화여자대학교

이화여자대학교는 2015년 1학기 컴퓨터 공학과의 '시스템 S/W' 강의에서 플립드러닝을 이용한 교수법을 적용하였다. 이 과목의 시스템 프로그래밍은 학생 편차가 크고, 시스템 빌드 및 프로그래밍 시 겪는 시행착오의 정도가 다르기 때문에 수업에 대한 호불호가 명확하게 갈리는 평가를 받았다. 수업시간에는 프로그래밍 실습 과제를 부여하였고 학생 수준에 맞게 교수가 1 : 1 반응형으로 실습 과제를 지도하였다. 이 수업에서는 토론별 강의는 진행하지 않았으나 수준별 학생지도가 가능하였고, 교수자의 학생 수준 파악이 가능하였기에 수업의 낙오자를 방지할 수 있었다. 결과적으로 학습결과가 낮은 점수와 높은 점수에 학생 분포가 많았던 V자 유형에서 80점 이상의 고득점의 학생이 점차 많아지는 그래프로 변경되었다(천윤필, 2015).

· 중앙대학교

중앙대학교는 MOOC 기반의 경영학원론 강의를 진행하였다. 해당 강의는 16주간 수업으로 중간고사와 기말고사를 제외한 나머지 주에는 모두 플립드러닝이 시행되었다. 수업은 매주 30분 분량의 온라인 강의 2개와 격주로 진행된 오프라인 강의로 구성되었다. 한 개의 반에는 약 250여 명의 수강생이 참여하였으며 한 시간씩 오프라인 강의가 이루어졌다. 오프라인 강의에서는 해당 온라인 강의 내용의 주된 내용을 요약 설명하였고, 이후 교수가 질문을 받고 답하는 형식으로 이루어졌다.

온라인 강의에 해당하는 동영상은 본 강의의 교수가 제작한 것으로 동영상 중간에는 퀴즈가 삽입되어 있다. 퀴즈는 해당 학습내용의 정의나 개념을 이해하면 맞출 수 있는 T/F(참/거짓) 형식의 문항으로 이루어졌으며 퀴즈의 정답은 수강생들이 바로 확인할 수 있도록 다음 페이지에 해석이 함께 제시되었다. 그 외에도 대규모 강의에서 부족한 학생 간의 소통을 지원하기 위해 4학년 재학생인 학생 멘토를 이용하여 멘토링을 실시하였다.

해당 강의의 교수자가 2014년에 일반 강의에서 진행한 수업 성적과 해당 강의의 성적을 비교한 결과, MOOC 기반의 강의는 평균 67.12점,

일반강의는 평균 67.00점으로 큰 차이를 나타내지 않았다. 학습자 일부는 동영상 강의를 몰아서 보거나, 시청하지 않고 자료만 참고한 경우도 있었다. 그러나 온라인 강의를 듣고 오프라인 강의에 참석한 학생들의 경우에는 학습 성과가 높게 나타났다. 또한 MOOC 기반의 강의에 대해 수강생들의 만족도는 전반적으로 낮았지만 수업을 경험하기 전이 교수법에 대해 긍정적인 태도를 가졌던 수강생들의 경우에는 만족도가 높게 나왔다(여은정, 김진백, 한승희, 2015).

나. OER을 활용한 초·중등학교의 수업 사례

초등학교에서의 OER 활용 역시 플립드러닝의 형태와 접목되는 경우가 있었다. OER의 플랫폼으로는 고등교육에서 활용되던 YouTube, MOOC, iTunesU 뿐만 아니라 공교육 서비스로 제공되는 콘텐츠 저장소 및 커뮤니티 장소인 Schooltube, 에듀넷, EBS 등이 해당된다. Schooltube는 미국 K-12 학습 커뮤니티로 매일 1천 개 이상의 비디오가 업로드 되고 있으며, 에듀넷은 국내 초·중등 교육에 필요한 교수·학습 콘텐츠를 교사와 학생들에게 제공하는 플랫폼이다. 다음 사례에서는 Youtube가 주로 사용되었다.

· 스마트교육 기반의 플립드러닝(초등학교 6학년 사회과목)

스마트교육 기반의 플립드러닝 수업모형 개발 과정을 보여주는 김상홍(2015)의 연구에서는 초등학교 6학년 대상의 사회(1단원) 수업을 다루고 있다. 이 수업은 초등학교 6학년 3개 학급에서 2주간 실행되었으며 이 수업이 이루어지기 전에 학생들에게 스마트 기기 활용과 플립드러닝에 대한 자신감 고취를 위한 사전 오리엔테이션이 이루어졌다. 이 학교는 교육용 SNS로 '클래스팅(classting)'을 동영상 학습의 소통도구로 활용하고 있었으며 이 수업에서도 클래스팅을 활용하였다. 수업에서 활용된 동영상은 교수자가 직접 촬영한 것으로 모두 Youtube에 탑재하였다.

사회수업은 <표 6-1>과 같이 분석, 도구와 학습방법 선정, 사전

학습, 준비도 확인 및 목표 제시, 학습문제 해결, 정리 및 평가단계로 진행되었다. 교사는 수업에서 Raths(2013)의 WSQ(Watch-Summarize-Question) 수업전략을 활용하였다. 첫째, 교사는 학생들이 영상을 보고난 후 이를 요약하고 질문할 사항을 준비하도록 하였다. 둘째, 교사는 학생들이 영상을 통해 학습이 이루어지도록 중요한 부분을 미리 메모하도록 하였다. 즉, 교사는 학생들에게 사전학습에 대한 책임감을 주었다. 이 외에도 교사는 수업에 앞서 학생들에게 수업에 활용할 도구의 사용법에 대

〈표 6-1〉 스마트교육 기반의 플립드러닝 수업 사례

단계(활동)	활동 내용 및 원칙
분석	· 학습자 분석(학습양식, 학습에 대한 자신감, 학습의욕 등) · 교육과정 분석 · 스마트 환경 분석
도구와 학습방법 선정	· 정보 탐색, 협업, 소통의 도구를 기반으로 매체 활용 전략 수립 · 자기주도학습을 유도하기 위해 팀학습, 협동미션, 프로젝트 등 학습방법 선정
사전학습	· 동영상 제작, YouTube와 교육용 SNS에 공유 · 상호작용 매체 제시 · 퀴즈 삽입 · 온라인 또는 오프라인 강의 노트 작성 · LMS지원(질의 응답, 관련자료 제시, 활용가능한 협업 제공)
본학습 (준비도확인 및 목표제시)	· 협업 과제, 학생자료 확인 및 피드백 · 사전지식 점검 · 학습목표 및 문제 제시 · 동기 유발 자료 제공 · 지적 호기심 유발
본학습 (학습문제 해결)	· 자료 탐색(개별 지식 탐색 및 구성 활동) · 오프라인 팀 활동(정보 공유, 지식 논쟁 등) · 온라인 팀 활동
본학습 (정리 및 평가)	· 결과 공유(창의적 활동 산출물 발표, 발표, 토론, 토의) · 평가 및 정리(팀별 상호 평가 및 자기평가)

출처: 김상홍(2015)의 수업모형.

한 기능, 오류 시 발생될 문제점 등을 안내하고 동영상 학습이 학습을 위한 도움 과정이라는 것을 강조하였다.

수업의 결과 학생들은 오프라인에서 진행되는 본 수업에서 친구들과 소통을 하며 과제를 하거나 모둠 활동, 또는 동료학습 등의 활동중심 수업에 흥미를 보이는 것으로 나타났다.

· QR코드를 이용한 학습시스템(고등학교 3학년 데이터베이스 학습과정)

이 사례는 고등학교 3학년 데이터베이스 학습 과정에서 QR코드를 이용한 수업 사례이다. 이 사례에서는 기존의 서책형 교과서에 교수자가 제작한 동영상을 연계할 수 있도록 QR코드를 제작하여 재편집한 서책형 교과서와, 서책형 교과서가 없어도 학습이 가능하도록 동영상을 한 곳에 모아 스마트 폰, 노트북 등을 통해 학습할 수 있도록 수업 설계하였다. 이 때 사용된 동영상은 세부 학습 내용을 강조할 수 있도록 제작되었으며 모두 Youtube에 탑재되었다.

수업은 약 한 달 동안 30명의 학생들을 대상으로 이루어졌으며 수업 진행에 앞서 교수자는 시스템의 사용 방법과 QR코드 이용 방법 등을 안내하였다. 이 수업은 플립드러닝의 절차와 같이 동영상을 통한 선행학습과 새로운 학습 시스템을 사용하여 데이터베이스를 익히는 학습자 중심의 본 수업으로 이루어졌다.

이 학습 시스템을 적용한 수업에 참여한 학생들과 일반 수업을 진행한 학생들의 중간고사 성적을 비교한 결과, 실험집단 학생들은 평균 2.46점(5점 만점), 통제집단은 평균 1.92점으로 새로운 학습 시스템을 적용한 실험집단의 학습 내용 이해도가 높았다. 통계적으로 두 집단의 점수는 유의미하지는 않았지만 두 집단의 학습 이해도는 유사한 결과로 나타나 두 집단 간의 학습 내용(데이터베이스의 개념)에 대한 이해도의 차이는 발견되지 않았다. 반면 새로운 학습시스템을 활용한 수업에 참여한 학생들은 강의식 수업에 참여한 학생들에 비해 노력, 자기 점검, 인지전략에 있어 높은 점수를 보였다. 강의식 수업의 경우는 교수자가 직접 자료를 보여주며 교재를 중심으로 강의를 하다보니 시간에 쫓겨 실제 데이터베이스를 활용하는 학습자의 시간이 부족했었다. 반면, 이 수업은 자료를 온라인에 공개하여 학생들이 몇 번이고 반복하여 직접 학습 내용을 확인하고 수업시간에는 데이터베이스를 직접 활용하여 익히는 학습자 중심의 수업을 가능하게 하였다. 즉, 이 수업은 기존의 서책형 교과서를 사용한 강의법을 탈피하고 다양한 학습 자료를 연계하여 학습자가 주도적으로 학습하고, 학습 개념을 이해하도록 지원하도록 하는데 일조했다고 볼수 있다.

3 OER을 활용한 수업에서의 교수전략

OER 활용의 궁극적인 목적은 자원의 재사용 및 창의적인 활용에 있으나 이러한 실천은 아직 활발히 이루어진다고 보기 힘들고(Sharma, 2014), 그 실천 사례를 찾는 것은 더욱 어렵다. 따라서 본 장에서는 면대면 수업에서 OER이 활용된 사례를 중심으로 제시하였다. 비록 이 사례들은 모두 OER이 형식교육인 학교 수업 과정에 적용된 사례들이지만 비공식적 학습 과정에서는 더 다양한 방법으로 활용이 가능할 것이다. 흔히 OER을 활용한 수업의 형태로는 온라인과 오프라인을 혼합한 블렌디드러닝 형식의 수업을 떠올리기 쉽다. 최근 두각되고 있는 플립드러닝은 블렌디드러닝과 유사하게 온라인 매체를 활용할 뿐만 아니라 학습자 중심의 학습 환경을 형성하고 있다. 이는 OEP가 추구하는 목적과도 유사하다고 볼 수 있다. 따라서 플립드러닝은 학습자의 참여, 지식의 유형, 매체의 성격 등이 고려된 교수·학습모델로 OEP의 실천과 연계되어 더욱 다양하게 발전될 가능성이 있다.

이 장에서는 온라인 매체를 활용하는 플립드러닝 수업 사례에서 강조된 교수자들의 수업 전략 및 지원요인을 제시한다(Bergman & Sams, 2012). 첫째, 학습자가 학습을 통해 도달할 것으로 기대되는 성과, 학습

목표는 명확하게 제시되어야 한다. 학습목표는 교육지침에서 제시되는 교육기준이 아니라 교수자가 직접 판단하고 학습자가 할 수 있는 것으로 제시되어야 한다. 둘째, 제시된 학습목표들 중 어떤 것이 OER 학습자료에 적합하고 어떤 것이 탐구 활동에 적합한지 판단하여야 한다. 강의가 효과적인 학습 목표에 대해서는 이에 적합한 영상 또는 학습매체를 제공해야 한다. 셋째, 학습자가 자료에 접근할 수 있는 방법을 마련해야 한다. 동영상 및 기타 자료를 학습자에게 제공하는 방법은 학교 서버뿐만 아니라 OER 플랫폼을 이용할 수 있다. 또한 교수자는 학습자들에게 재미가 아닌 교육적 방법으로 동영상을 인식하도록 강조할 필요가 있다. 교수자가 만든 영상이 아니라면 학습내용에 적합한 동영상을 찾는 것도 중요하다. 동영상은 학습자 수준에 적합한지, 학습 내용이 응축되어 있는지, 적절한 분량의 동영상인지 확인하고 제공되어야 한다. 또한 수업에 앞서 교수자들은 학습자들에게 교육에서 활용된 동영상의 시청 방법, 오류 시 발생될 문제점 등 수업에서 사용될 매체에 대한 이해와 중요성을 미리 안내해 주어야 한다. 수업 영상은 학습자의 인지와 주의 집중을 고려하여 15분 내외로 개발되어야 한다. 넷째, 수업 중 할 수 있는 재미 있는 학습 활동을 마련한다. 다섯째, 학습자가 학습 목표를 달성했는지를 측정할 수 있는 평가는 여러 개일수록 좋다.

이 외에도 플립드러닝의 장점을 극대화하고 상호작용을 높이기 위해서 수업의 규모를 소규모로 하거나, 그룹별 수업활동을 진행하는 것이 유용하고(여은정, 김진백, 한승희, 2015) 학습자들 간의 상호작용을 촉진할 수 있도록 자리 배치를 해주는 것이 중요하다. 또한 교수자는 학습자의 학습과정을 지속적으로 점검할 수 있는 SNS를 활용할 수 있어야 한다(김보경, 2014). SNS의 활용은 교수자가 학습자의 학습 과정을 점검함으로써 사전 수업과 본 수업을 연결하는데 중요한 역할을 할 뿐만 아니라 학습자 간의 상호작용을 촉진시킬 수 있기 때문이다.

4 맺음말

현대의 교육 체제에서는 디지털적, 개방적, 유동적, 연속적, 개별적, 창조적 성격이 점차 강조되고 있다(Lane, 2010). OER은 이러한 시대적 흐름에 따라 누구나 교육 자원을 사용하고 활용하는 것을 가능하게 한다. 이러한 OER의 등장은 학습 기회의 증대, 학습 비용의 감소, 동료 간 지원 및 상호작용 증대, 커뮤니티 활동 지원, 저작권 위반 콘텐츠의 감소 등을 통해 교수자, 학습자 그리고 기관 등에 다양한 이익을 제공하고 있다. 따라서 OER이 전 세계적으로 교육에 영향을 주는 핵심적 요인으로 부각되고 있음은 부인할 수 없는 사실이다(Schaffer & Gerse, 2008).

특히 교육 현장은 정보 위주의 교육보다는 창의적 사고, 효과적인 소통, 협력 능력 등 새로운 역량을 강조하며 학습자 중심의 개별화된 교육, 통합교육 등 학습자를 보다 더 잘 가르칠 수 있는 새로운 교육방법에 대해 목말라하고 있다. OER이 단순히 인터넷 기반의 매체가 될 것인지 혁신을 일으키는 공공의 자산이 될 수 있을지는 OER을 사용하는 사람들의 실천에 달려있다. 즉, 이 풍부한 자원을 어떻게 활용하는지가 미래 교육의 모습을 바꾸는 주요한 키워드가 될 것이다.

열린교육 활동, 공개 교육 활동(OEP)의 확산을 위해서는 풍부한 교육자원의 공유와 이러한 교육자원에 접근할 수 있는 통로의 개발, 그리고 실질적으로 이 자원을 활용하는 교육적 활동이 제시되어야 한다. 그리고 OER의 잠재력이 교육 현장을 변화시키기에는 사회적 차원의 지원도 반드시 필요할 것이다. 아직은 OER에 관련된 논의에서 접근성 구축, 인프라, 도구 및 저장소 구축에 많은 관심을 두고 있다. 그러나 열린교육의 실천을 위해 우리는 과연 OER을 어떤 맥락에서 어떤 방법으로 그리고 무엇을 위해서 교수·학습과정에 사용할 것인지 신중히 생각해 보아야 할 것이다.

참고 문헌

김상홍(2015), 스마트교육 기반 플립러닝 수업모형 개발, 인천대학교 대학원, 박사 학위논문.

김형률(2015), 고등지식 전달혁명 MOOC의 출현과 국내 대학에서의 이용방법, e-저널 '두루내' 5월호.

나일주(2015), 「MOOCs 글로벌학습시대 묵스의 이해」, 학지사.

서정목(2015), 플립러닝을 활용한 영어교과목의 융복합적인 운영에 관한 연구, **교양교육연구**, 9(3), 193－214.

양성혜(2010), 오픈코스웨어(OCW)의 국내 스페인어 교육 활용방안, **이베로아메리카**, 21(1), 247-268.

여은정, 김진백, 한승희(2015), 대학 경영 교육에서 혁신적 교수법 적용에 따른 학습 성과 및 수강생 만족도 분석과 시사점, **한국경영학회**, 19(4), 181-202.

이은화, 김경애(2015), 오픈코스웨어 제작과 활용에 대한 한국 대학 교수자의 경험, **교육과정연구**, 33(1), 65-91.

중앙일보(2015.11.12.), http://news.joins.com/article/19052010

조선일보(2015.6.1.), http://news.chosun.com/site/data/html_dir/2015/05/31/2015053101136.htmll

천윤필(2015), Flipped learning 사례, 시사점, 고등교육교수학습 혁신을 위한 세미나 '플립드러닝과 OER', 한국교육학술정보원세미나.

최미나, 노혜란(2015), MOOCs에 기반한 대학이러닝의 융복합적 발전방안에 관한 연구, **디지털융복합연구**, 13(7), 9-21.

Bergman, J., Sams, A.,(2009), Flipped learning : Gateway to student engagement, 정찬필, 임성희 역(2015). 거꾸로교실, 서울: 에듀니티.

Bergman, J., Sams, A.,(2012), Flipped your classroom: Reach every students in every class every day, 임진혁, 이선경, 황윤미(2013). 당신의 수업을 뒤집어라, 서울: 시공미디어.

Ehlers, Ulf-D., (2011), Extending the territory: From open educational resource to open educational practices, Journal of open, flexible, and distance learning, 15(2).

Kals, M., Drachsler, H., Bruggen, J., Hummel, H., & Koper, R., (2008), Wayfinding services for open educational practices, International journal of emerging technologies in learning, 3(2).

OECD. (2007), Giving Knowledge for free-the emergence of open educational resource, OECD publishing

OPAL. (2011), Beyond OER; Shifting focus to open educational practice, OPAL report 2011.

제7장

OER 플랫폼의 구성

Open Educational Resources

제7장

OER 플랫폼의 구성

김수연

인터넷의 발달은 학습자가 자신이 원하는 학습자원을 검색하고 선택하고 활용할 수 있는 여지를 획기적으로 확장하였다. 이 장에서는 공개교육자원인 OER을 이용하기 위해 사용자가 가장 처음 찾아가야 하는 승강장, 즉 OER 플랫폼에 대해 살펴보고자 한다.

1 플랫폼의 개념

플랫폼은 기차역의 승강장을 의미한다. 기차를 이용하고자 하는 사람은 반드시 승강장을 거쳐야 한다. 바꿔 말하면 인터넷 공간에서 정보를 얻고자 하는 사람은 반드시 플랫폼에 접근해야 한다. 플랫폼이라는 용어는 기술, 경영, 생산을 포함하여 다양한 분야에서 조금씩 다른 의미로 사용되고 있는데(임동우, 2013), 이 장에서는 IT 분야로 그 범위를 한정하여 사용하고자 한다.

IT 분야에서 처음 개발된 플랫폼은 컴퓨터의 OS(Operating System)라고 볼 수 있다. 1980년대 초반에 PC가 대중화 되면서 IBM과 애플 간의 플랫폼 선점 경쟁이 일어났다. 그 경쟁에서 IBM은 MS-DOS를 개발함으로써 애플보다 먼저 주도권을 잡을 수 있었고 이후 대부분의 컴퓨터 프로그램은 MS-DOS 환경에 맞추어 개발되었다. 그 결과 더 많은 사용자들이 MS-DOS를 찾게 되어 IBM은 경쟁사보다 우위를 선점할 수 있었다. 이때부터 플랫폼의 중요성이 부각되기 시작했다(고은진 외, 2015). GE와 삼성 등 제조업 중심 기업의 시장 지배력이 최근 구글이나 애플과 같이 플랫폼을 전면에 내세운 기업들에 의해 위축되고 있는 글로벌 시장의 상황도 플랫폼이 곧 경쟁력임을 보여주는 사례라고 할 수 있다(장정훈 외, 2016).

초기 플랫폼은 하드웨어와 소프트웨어의 모습으로 나타났다. 앞서 이야기한 OS는 하드웨어와 소프트웨어가 결합된 형식인 '컴퓨팅 플랫폼(Computing Platform)'이라고 할 수 있다. 하지만 사용자들은 점점 더 많은 응용서비스를 이용하고자 하였고, 하드웨어와 소프트웨어가 결합되어 있는 형식의 OS 플랫폼은 이러한 요구를 충족시키기에 역부족이었다. 또한 인터넷의 등장으로 여러 종류의 컴퓨터가 연결되어 플랫폼도 이에 걸맞은 형태로 발달하기 시작하였다. OS를 제공하는 것에 그쳤던 플랫폼의 개념은 여러 응용서비스를 보다 유연하게 제공할 수 있는 '서비스 플랫폼'으로 등장하게 되었다. 서비스 플랫폼은 운용 환경을 직접 제공하지 않고 외부의 운용 환경을 활용하여 응용서비스와 웹서비스, 관리시스템과 환경 등을 서비스한다(박종만 외, 2012). 서비스 플랫폼의 또 다른 형태로는 '오픈 플랫폼'이 있다. 오픈 플랫폼은 개방된 표준을 기반으로 하여 필요한 기능을 별도의 설치 없이 API(Application Programming Interface)를 통해 온전히 사용할 수 있는 서비스를 제공한다(고은진 외, 2015).

이 밖에도 웹을 기반으로 개방형 서비스를 제공하는 웹 플랫폼, ICT 자원을 외부에 두고 이를 가져와 이용하는 형식의 클라우드 플랫폼, 인스턴트 메신저를 기반으로 하는 소셜 플랫폼 등이 개발되어 다양한 응용서비스가 사용자들에게 제공되고 있다(고은진 외, 2015).

2 이러닝 플랫폼과 OER 플랫폼

가. 이러닝 플랫폼: LMS

1990년대부터 시작된 웹의 발달은 교육 분야에도 큰 변화를 가져왔다. 시공간을 초월한 자료와 정보의 교환이 이루어지면서 원격교육의 모습이 우편, TV, 전화를 거쳐 이러닝(e-Learning)에 이르게 된 것이다(Anaraki, F., 2004). 이러닝은 인터넷 공간에서 학습 자료가 생산되고 가공되며 배포된다. 초기 이러닝은 학습 자료가 공급자에 의해 일방적으로 전달되는 형태를 이루었다. 교수자는 공급자를, 학습자는 수요자의 역할을 했기 때문에 이러닝 플랫폼은 교수자가 학습자의 학습활동을 관리하기 위한 목적으로 활용되었는데, 이를 LMS(Learning Management System, 학습관리시스템)라고 한다. LMS는 이러닝을 이용하는 교수자와 학습자에게 필요한 각종 기능을 지원하는 시스템으로 크게 학습자료의 제작과 제공에 대한 지원, 교수자–학습자, 학습자–학습자 간의 의사소통에 대한 지원, 학적과 성적 등의 학습관리 지원 영역으로 구성되었다(손경아 외, 2003).

LMS의 기능은 교수자 측면과 학습자 측면으로 나누어 살펴볼 수 있다. 교수자를 위한 기능에는 수강관리, 과제관리, 학습자관리, 커뮤니티관리, 평가관리가 대표적이다. 학습자를 위한 LMS 기능으로는 정보관리, 수강 기능, 커뮤니케이션 기능이 있다. 나아가 강인애 외(2016)에서는 스마트교육을 위한 LMS 기능으로 콘텐츠의 저작과 학습자 요구분석, 맞춤형 콘텐츠 제공, 학습이력관리, 모바일 환경 제공, 클라우드 환경 제공 등을 추가하여 교수자와 학습자를 위한 개별학습환경 구축의 필요성을 제기하였다.

〈표 7-1〉 스마트 LMS에서 제공하는 교수자, 학습자 기능

구분	기능
교수자 측면	교수설계
	학습자 정보 제공
	콘텐츠 저작
	상호작용 관리
	모바일 환경 지원
	업데이트 지원
	클라우드 환경 지원
학습자 측면	맞춤형 콘텐츠 시청
	학습이력 관리
	콘텐츠 저작
	상호작용 관리
	모바일 환경 지원
	업데이트 지원
	클라우드 환경 지원

출처: 강인애(2016) 발췌.

나. OER 플랫폼

2002년 유네스코에서 OER의 개념이 처음 제시된 이후 세계 각국 유수의 대학을 중심으로 교육자원개방 운동이 일어나게 되었다. 교육자원을 공개하기 위해서는 기술적인 기반이 필요한데 OER 플랫폼은 이용자가 OER을 이용할 수 있도록 구현해내는 서비스 기술이라고 할 수 있다(신나민 외, 2016). 국내의 에듀넷, KOCW, 프라임칼리지 등과 국외의 edX, Coursera, Khan Academy 등이 초, 중, 고등교육 분야에서 활용되고 있는 대표적인 OER 플랫폼이라고 할 수 있다.

지식의 일방적 전달이 주를 이루었던 전통적인 교수-학습 방법은 이러닝의 모습에도 그대로 반영되는 경향이 있었다. 인터넷을 통하여 교육용 동영상 콘텐츠를 제공하거나 LMS를 이용하여 교수자가 학습자

의 학습 활동을 관리하는 형태가 바로 정형화된 교수-학습 방법이 적용된 모습이라고 할 수 있다. 그러나 이러한 형태의 이러닝은 교수자 위주의 교육 콘텐츠 양산으로 이어져 학습자의 참여의지와 만족도를 감소시키는 한계를 보였다. 이에 반해 OER 운동은 전통적 교수-학습 방식에서 벗어나 누구나 자신의 지식을 공유하며 교수자가 될 수 있고 동시에 학습자가 될 수 있는 비정형 교수-학습 방식으로의 변화라고 할 수 있다(박정배, 임희석, 2015).

OER에 대한 관심이 높아지면서 OER 플랫폼에 대한 연구도 점차 활발해지고 있다. OER 플랫폼은 표준화된 하나의 형태가 있는 것이 아니라 다양한 모습으로 나타나기 때문에 연구자들은 저마다의 기준으로 OER 플랫폼을 분석하고자 시도하였다.

예를 들면, 박인우 외(2010)에서는 OER 플랫폼의 운영 목적과 내용, 특징별로 구분하여 국내외 사례를 분석하였으며, 박정호, 강장묵(2011)은 OER의 제공방법에 따라서 유형별 분석을 하였다. 그리고 김미량 외(2012)는 콘텐츠의 생산과 수집, 공유와 유통 방법, 자료의 분류와 검색을 기준으로 하여 11개의 OER 플랫폼을 분석하였다. 반면, 김희미, 김보연(2013) 연구에서는 사용자의 편의성을 고려한 디자인에 초점을 두고 칸 아카데미를 분석, 평가하였고 최선진(2015)은 OER 플랫폼이 제공하는 서비스의 특징과 메뉴가 구성되어 있는 방식, 메타데이터 항목을 분석의 기준으로 설정하였다. 그리고 신나민 외(2016)의 연구에서는 플랫폼을 '기술', '내용', '운영'의 측면으로 구분하여 총 23개의 문항을 개발하고 실제 운영되고 있는 국내외 OER 플랫폼 21개를 분석하였다.

사용자의 입장에서 보면 좋은 OER 플랫폼이란 사용자가 원하는 정보를 쉽게 찾을 수 있도록 적절한 기능을 제공하는 플랫폼이라고 할 수 있다. 또한 OER을 사용할 때 저작권 문제에 대한 걱정 없이 안심하고 사용할 수 있어야 한다. 이러한 관점에서 보다 포괄적인 시각으로 OER 플랫폼 분석을 실시한 신나민 외(2016)의 분류 준거를 참고하되 중분류까지의 문항을 활용하여 대표적인 국내 OER 플랫폼인 에듀넷,

KOCW, RISS를 분석한 결과가 <표 7-2>에 제시되어 있다.

〈표 7-2〉 국내 OER 플랫폼 분석 결과

분석준거		에듀넷	KOCW	RISS
URL		edunet.net	kocw.net	riss.kr
기술	디자인	블로그	블로그	검색
	SNS	공유가능	공유가능	공유가능
	모바일앱	제공	제공	제공
	다국어지원	X	X	X
	검색방법	단계형	키워드, 단계형	키워드, 단계형
	대시보드	X	X	X
내용	저작권	표기	표기	표기
	메타데이터	공개	공개	공개
	질관리	사용자	사용자	사용자
	콘텐츠	다양	비디오	학술자료
운영	사용자 자료 기부	불가능	불가능	불가능
	소통	○	○	○
	운영팀 명시	X	X	X
	자료수집 독려	X	○	X
	개방성	○	○	○
	이용가이드	X	○	○
	법인형태	비영리	비영리	비영리
	사용자 대상	K-12	일반	일반
	이수증	X	X	X

국내의 대표적인 OER 플랫폼인 에듀넷, KOCW, RISS는 모두 교육부 산하기관인 한국교육학술정보원에 의해 운영되고 있다. 그 밖의 K-MOOC이나 프라임칼리지, 한국방송통신대학 OER과 같은 플랫폼도 공공기관에 의해 구축되어 운영되고 있는데, 이는 주로 대학과 기업

의 협력으로 등장한 미국 OER 플랫폼과의 차이라고 할 수 있다. 이렇듯 공공기관이 플랫폼 운영의 주체일 경우에는 OER의 질이 확보된다는 강점이 있다. 에듀넷 자료는 학교급별, 학년별, 과목별로 분류되어 있으며 교과서 내용을 기반으로 동영상자료, 형성평가, 듣기자료 등이 제공되고 있다. 이 밖에도 디지털 교과서, 교과내용 외의 인성교육, 소프트웨어교육 등에 관련된 콘텐츠도 함께 제공된다. 저작권은 공공누리라는 저작권 표기법을 따르고 있다. 하지만 공공기관에 의해 플랫폼이 운영되는 경우 사용자들이 개별적으로 제작한 OER을 업로드할 수 없다는 한계가 있고 자료의 최신성이 떨어질 수 있다는 단점이 있다.

KOCW는 2007년부터 서비스를 시작하였으며 국내 200여 개 대학의 OCW를 수집하여 통합검색시스템을 제공하는 플랫폼으로 2016년 기준, 대학강의 14,000여 개와 강의자료 210,000여 개로 국내 고등교육 OER 플랫폼 중 가장 많은 수의 콘텐츠를 제공한다(교육정보화백서, 2016). 각 콘텐츠는 기관별, 전공별, 테마별로 분류되어 있다. 또한 CCL에 의해 콘텐츠의 저작권이 관리되고 있으며 저작권 신고기능을 통해 사용자에 의한 품질관리도 이루어지고 있다.

RISS는 학위논문, 학술지논문, 연구보고서 등을 제공하며 KOCW의 동영상자료의 링크도 제공하고 있다. 앞의 두 플랫폼의 경우에는 직접 검색기능보다는 세부적인 서비스분류체계를 제공하여 사용자가 자료를 찾아 들어갈 수 있도록 하고 있다. 하지만 RISS는 사용자의 직접 검색 기능을 핵심으로 하여 기본적인 키워드 검색부터 세부적인 검색도 가능한 서비스를 제공한다.

위의 세 플랫폼은 모두 같은 기관에서 제공되는 서비스로 운영주체에 대한 별도의 명시 없이 모두 기관 홈페이지 링크로 대신하고 있다는 특징이 있다.

대표적인 국외 OER 플랫폼으로는 Udacity, edX, Coursera가 있다(오예진, 2017). K－12를 대상으로 하는 대표 OER 플랫폼인 Khan

Academy까지 포함하여 국내의 OER 플랫폼과 마찬가지로 신나민 외(2016)의 분석 준거를 활용하여 네 개의 플랫폼을 분석한 결과는 다음과 같다.

〈표 7-3〉 국외 OER 플랫폼 분석 결과

분석준거		Udacity	edX	Coursera	Khan Academy
URL		udacity.com	edx.org	coursera.org	khanacademy.org
기술	디자인	블로그	검색	검색	메뉴
	SNS	공유가능	공유가능	공유가능	공유가능
	모바일앱	제공	제공	제공	제공
	다국어지원	X	○	○	○
	검색방법	단계형	키워드, 단계형	키워드, 단계형	키워드, 단계형
	대시보드	○	X	X	○
내용	저작권	○	○	○	○
	메타데이터	○	○	○	○
	질관리	사용자, 전문가	사용자	사용자, 전문가	사용자, 전문가
	콘텐츠	다양	다양	다양	다양
운영	사용자 자료 기부	불가능	불가능	불가능	불가능
	소통	○	○	○	○
	운영팀 명시	○	○	○	○
	자료수집 독려	X	X	X	○
	개방성	회원가입 필요	회원가입 필요	회원가입 필요	회원가입 필요
	이용가이드	○	○	○	○
	법인형태	영리	비영리	영리	비영리
	사용자 대상	일반	일반	일반	K-12
	이수증	○	○	○	○

국외 OER 플랫폼은 대학과 기업이 중심이 되어 설립되고 운영된다는 점에서 국내의 OER 플랫폼과 차이를 보인다. 따라서 영리를 추구하는 플랫폼도 있으며 강의의 유료화, 수료증 발급 비용 등을 이용한 비즈니스 모델을 구축하여 운영하기도 한다.

Udacity는 스탠포드 교수인 세바스찬 스런(Sebastian Thrum)에 의해 설립되었으며 약 500여 개의 신생 기업, 벤처 기업 등의 자본을 기반으로 시작되었다. 대부분의 강의가 유료로 제공되며 나노학위(Nano-degree)를 취득하기 위한 비용도 별도로 발생된다. Udacity는 글로벌 기업과의 파트너십을 통해 수강생들에게 인턴십 기회를 주거나 기업탐방 등을 제공함으로써 차별화를 보이고 있다(오예진, 2017).

Coursera도 스탠포드 대학의 교수들에 의해 시작되었으며 세계적인 명문대학들이 참여한다는 특징이 있다. 한국에서는 연세대학교와 카이스트 등이 Coursera를 통해 강의를 공개하고 있다. 또한 Coursera는 다양한 국적의 이용자들이 자발적으로 교육자료를 번역하는 GTC (Global Translator Community)를 운영하여 이용자의 범위를 확장하고 있다(오예진, 2017).

edX는 이공계 중심의 교육 자료를 제공하는 비영리 기업으로 하버드대학과 MIT가 이끌고 있다. 앞선 두 플랫폼이 온전한 온라인 형태의 학습을 제공하는 것에 비해 edX는 오프라인과 병행하여 학습 효과를 높이는 데 목적을 두고 있다(오예진, 2017).

Khan Academy는 K-12를 위한 OER 플랫폼으로 창립자인 살만 칸(Salman Khan)이 사촌 동생을 위한 수학 강의를 유튜브에 업로드하면서 시작되었으나 현재는 과학, 컴퓨터, 경제, 예술 등 다양한 분야의 강의가 제공되고 있다. Khan Academy는 질문에 대한 학습자의 답변을 데이터화하여 이를 해석하고 학습자별 맞춤형 학습을 제공하며 지역별 튜터링 서비스를 운영함으로써 무상교육의 보편화를 실현하고자 한다(김회미 외, 2013).

위에서 살펴본 바와 같이 국내외 OER 플랫폼은 설립 및 운영의 주체에 있어 큰 차이를 보이며 그로 인해 제공되는 서비스의 비용과 형태가 다르게 나타난다. 이러한 차이를 통해 OER 플랫폼은 설립의 목적과 주체, 운영 방식에 따라 다양한 형태를 보인다는 것을 알 수 있다. 다음에서는 OER 플랫폼의 유형을 제작 방식과 콘텐츠 제공 방식에 따라 나누어 살펴보도록 한다.

3 OER 플랫폼의 유형

MS-DOS의 컴퓨터 시장 선점 사례에서 알 수 있듯이 플랫폼은 정보화 사회에서 새로운 가치를 창출하며 시장에서의 주요 성공 요건이 되기도 한다. 따라서 OER 플랫폼을 구축·운영하고자 하는 기관이나 개인은 기능과 규모에 따라 원칙과 전략에 기반하여 적합한 OER 플랫폼의 형태를 선택해야 한다(Meena Hwang, 2012; 장상현, 2016).

가. 제작 방식에 따른 플랫폼 유형

OER 플랫폼을 구축하기 위한 방법에는 국내외 오픈 소스(Open source)를 활용하는 것과 자체적으로 개발하는 것이 있다. 오픈 소스란 IT 분야에서 사용되는 개념으로, 소프트웨어의 소스 프로그램을 공개하여 여러 사람들이 소프트웨어의 기능적 결함을 공동으로 수정하고 개선해나가는 생태계를 갖는다(전산용어사전편찬위원회, 2012). 오픈 소스는 누구나 자신의 이용 목적에 따라 프로그램을 수정할 수 있기 때문에 접근성과 상호작용성이 높다는 특징이 있다. 대표적인 오픈 소스 OER 플랫폼으로는 Moodle과 edX가 있으며 전 세계적으로 수많은 이용자가 활용하고 있다. 장상현(2016)에서는 오픈 소스와, 오픈 플랫폼, 솔루션의 제작방식에 따라 OER 플랫폼 구축 유형을 다음과 같이 제시하였다(표 7-4).

〈표 7-4〉 제작 방식에 따른 플랫폼 유형과 특징

구분	특징
국외 오픈 소스 (edX, Moodle)	- 확장성 및 개발 용이 - 유지보수 및 운영비가 낮음
국외 무료 사이트 (Udemy)	- 애플리케이션 설치 및 관리가 필요 없음 - 홍보 및 마케팅 지원 - 제한된 서비스 지원 - 제한된 강좌 운영 - 독립된 서비스 운영 불가
국외 유료 솔루션 (BlackBoard)	- 검증된 학습관리 기능 - 유지보수 및 운영의 안정성 - 고가의 운영비용 - 기술 및 운영에 대한 높은 해외 의존도
국내 개발 솔루션	- 국내 S/W 산업 육성 - 국내 사용자 정서에 즉각적인 반영 가능(예: 언어 및 인터페이스) - 신규 개발에 따른 운영의 안정성 미흡

출처: 장상현(2016) 발췌.

국외 오픈 소스로 구분되는 edX는 2013년에 발표되었으며 초기 목적은 사용자들이 워드프로세스를 사용하듯이 쉽게 이용하고 자유롭게 더 많은 기능을 추가할 수 있도록 하는 것이었다. edX 오픈소스의 강점은 빠르고 유연성이 높으며 대규모 학생을 수용할 수 있다는 점이다(장상현, 2016). 현재 교육부에서 2015년부터 운영하고 있는 한국형 온라인 공개강좌 서비스인 K-MOOC은 Open edX를 커스터마이징하여 플랫폼을 구축하고 서비스를 제공하고 있다(교육정보화백서, 2016).

Moodle은 호주 커틴 공대의 박사논문에서 제안되었으며 사용자의 편의성과 유연성이 높다는 강점으로 수준 높은 온라인 코스를 쉽게 구축할 수 있는 플랫폼이다. edX와 마찬가지로 프로그램 소스코드가 모두에게 공개되며 사용자들이 집단적으로 프로그램을 업그레이드 하거나 오류 등을 수정하여 공유하는 형태이다(김신웅 외, 2012). 학습관리가

용이하고 퀴즈, 협력학습, 설문 기능 등을 제공하여 대규모 학생을 위한 강의보다는 전통적인 온라인 강의실을 만들기에 더욱 적합하다고 할 수 있다(나일주 외, 2015).

Udemy는 오픈 마켓형 강의 서비스를 제공하는 무료 오픈 플랫폼으로 누구나 MOOC을 운영할 수 있는 플랫폼을 지원한다. 프로그램을 설치하고 관리해야 하는 오픈 소스와는 달리 이미 구축된 플랫폼에 자료를 등록하고 운영할 수 있는 특징을 가진다. 기관 차원의 강의 운영보다는 개인이 강의를 운영하고자 할 때 적합한 플랫폼이라고 할 수 있다(나일주 외, 2015).

국외 기업의 제품인 BlackBoard는 일반적인 LMS 기능에 소셜웹과 MOOC을 메타 검색하는 기능을 추가하여 활용도를 더욱 높였으며 교수-학습 유형별 템플릿 제공, 개인 맞춤형 학습 경험 제공 등 현재 교육 플랫폼 시장에서 가장 앞서간다고 평가 받고 있다(김원중 외, 2017).

제작 방식에 따른 플랫폼의 마지막 유형은 자체적으로 플랫폼을 개발하는 형태이다. 2000년도 초반에 활발히 전개되었던 LMS 사업은 현재 침체기라고 할 수 있다. 국외의 오픈 소스나 솔루션이 시장을 장악하고 있으며 자체제작을 할 경우 개발 및 유지보수 비용이 높기 때문이다. 그러나 자체적으로 제작하는 플랫폼의 경우 필요한 기능에 대한 신규 개발이 가능하고 다양한 시스템과 연계하여 구축할 수 있다는 장점이 있다(나일주 외, 2015).

나. 제공 방식에 따른 플랫폼 유형

OER 플랫폼은 사용자가 교수-학습 활동에서 필요한 자료를 쉽게 검색하여 활용할 수 있도록 서비스를 제공한다. 각 플랫폼은 저마다의 특징을 가지고 있는데 가장 눈에 띄는 차이는 OER을 확보하는 방법에서 나타난다. OER은 OER 플랫폼에서 가장 핵심적인 요소이며 OER을 구축하는 방법은 플랫폼의 운영방식을 결정지을 수 있다. 예컨대 사용자가 직접 OER을 제작하여 공유할 수 있게 하는 플랫폼의 경우에는 어떤 저작 도구를 제공할 것인지, 자료의 질관리는 누가 담당할 것인지에 대한 고민이 필요할 뿐만 아니라 저작권 문제에 대한 방안도 마련해야 한다. 따라서 OER 플랫폼의 구성을 분석하기에 앞서 플랫폼별로 OER을 구축하는 유형을 구분하여 살펴보는 것이 선행되어야 한다. 박정호, 강장묵(2011)에서는 교육정보자유이용체제의 서비스 모델, 즉 OER 플랫폼의 유형을 콘텐츠 제공방식에 따라서 웹 링크 기반, 자체 제작 콘텐츠 서비스, 콘텐츠 복제 기반, 온라인 저작도구 기반 모델의 네 가지로 구분하였다. 이러한 네 가지 모델을 살펴봄으로써 OER 플랫폼의 가장 주요한 특징 가운데 하나인 OER 수집 방법에 대한 이해를 도모할 수 있다.

1) 웹 링크 기반 모델(Web links based service model)

웹 링크 기반 모델은 콘텐츠 제공자들과 OER 플랫폼이 웹 링크로 연결되어 서비스가 제공되는 유형이다. 이 때의 OER 플랫폼은 플랫폼 운영측이 직접 자료를 제작하여 제공하는 형태가 아니다. 즉, 콘텐츠 제공자들은 OER 플랫폼에 자신의 콘텐츠를 직접 제공하는 것이 아니라 링크와 함께 자료에 대한 메타데이터를 제공하게 된다. 이러한 웹 링크 기반 모델의 OER 플랫폼은 제공받은 메타데이터를 이용해 사용자들에게 OER에 대한 정보를 제공하고 검색 서비스를 구축하여 접근성을 높이는 역할을 한다.

웹 링크 기반 모델의 대표적인 OER 플랫폼으로는 CLRN(http://www.clrn.org)이 있다. CLRN은 캘리포니아 주의 정부기관에서 주도하여 운영하고 있는 OER 플랫폼으로 K-12 수준의 학교교육에서 필요한 교육콘텐츠를 제공하는 것을 목적으로 한다. 이때의 교육콘텐츠는 국가에서 지정한 교육과정표준에 적합한 것으로 선별되어 관리된다. 플랫폼 관리는 내용의 측면과 서비스의 측면에서 이루어지는데 내용에 대한 질적 관리는 교육학자들로 구성된 전문가 집단에 의해 이루어진다. 반면, 서비스에 대한 평가는 외부기관이 참여하여 보다 객관적인 시각에서 이루어지고 있다(김미량 외, 2013).

국내에서 웹 링크를 기반으로 하는 플랫폼으로는 RISS(학술연구정보서비스, http://www.riss.kr/)가 있다. RISS는 한국교육학술정보원이 운영하고 있는 학술자료 공유 플랫폼으로 국내외 학위논문 및 학술지 연구물 등을 검색할 수 있다. 사용자는 메타데이터를 기반으로 하는 검색 서비스를 통해 RISS에서 원하는 자료에 대한 대략적인 정보인 제목, 저자, 출판연도, 학술지, 키워드, 초록, 목차 등을 확인할 수 있다. 하지만 RISS는 대부분 학술자료의 원문을 소장하고 있는 대학, 도서관, 기관의 플랫폼으로 이동하여 전문을 볼 수 있는 링크 서비스를 제공한다.

2) 자체 제작 콘텐츠 서비스 모델(Service model using self-generated contents)

자체 제작 콘텐츠 서비스 모델은 OER 플랫폼이 직접 OER을 제작하여 제공하거나 기부에 의해 확보된 자료를 제공하는 유형이다. 이러한 모델은 OER의 저작권을 OER 제공기관인 플랫폼에서 가지게 된다. 자체 제작 콘텐츠 서비스 모델의 장점은 다양한 종류의 질 높은 학습콘텐츠가 제공된다는 점이다. 그렇지만 콘텐츠 제작과 관리에 많은 비용이 들어간다는 단점이 있다.

자체 제작 콘텐츠 서비스 모델의 대표적인 OER 플랫폼으로는 칸 아카데미(https://www.khanacademy.org/)를 꼽을 수 있다. 칸 아카데미는 동영상강의, 연습문제 등을 제공하여 학습자가 완전학습을 경험할 수 있도록 하는 것을 목표로 한다. 칸 아카데미는 문제에 대한 학습자들의 반응을 데이터로 축적하여 학습의 방향을 설정할 수 있는 소프트웨어를 개발했다는 점에서 특징적이라고 할 수 있다. 초기에는 주로 수학과 과학 과목의 학습 자료를 제공했으나 점차 그 영역을 넓혀가고 있다(김희미, 김보현, 2013).

국내의 자체 제작 콘텐츠 서비스 모델 OER 플랫폼의 예로는 한국교육학술정보원이 운영하는 에듀넷(http://www.edunet.net)을 들 수 있다.

에듀넷은 초등학교 3학년부터 중학교 3학년에 해당하는 교과 관련 자료를 제공하는 플랫폼으로써 동영상강의를 비롯하여 평가문제, 참고자료 등을 함께 서비스한다. 그 외에도 독서교육, 정보통신윤리교육, 소프트웨어교육 등 현재 교육계에서 주목 받고 있는 여러 주제의 학습자료를 한국교육학술정보원에서 직접 제작하여 공급하고 있다.

3) 콘텐츠 복제 기반 모델(Content replication-based service model)

콘텐츠 복제 기반 모델은 외부 콘텐츠 제공자로부터 콘텐츠를 복제받아서 서비스하는 형태를 말한다. 이 경우에도 웹 링크 기반 모델과 마찬가지로 콘텐츠에 해당하는 메타 데이터를 같이 기록하여 관리한다. 콘텐츠 복제 기반 모델은 다양한 형태의 콘텐츠를 가져올 수 있고 플랫폼에서 원하는 형식으로 콜렉션을 만들 수 있다는 장점이 있다. 이때 주의해야 할 것은 자료를 업로드 하기 전에 외부에서 제공받는 콘텐츠의 경우 저작권 침해 문제를 점검해야 한다는 점이다.

콘텐츠 복제 기반모델 OER 플랫폼으로는 한국방송통신대학교 OER (http://oer.knou.ac.kr/)을 들 수 있다. 이 플랫폼은 별도의 서비스 플랫폼을 보유하고 있는 기관의 콘텐츠를 복제하여 한국방송통신대학교 OER 플랫폼에 탑재한 후 사용자가 해당 플랫폼에서 직접 자료를 이용하는 것을 가능하게 해준다. 한국방송통신대학교 OER 플랫폼은 콘텐츠 기반 모델의 강점을 활용하여 성인학습 및 평생학습을 지원한다는 취지에 맞는 콘텐츠를 수집하고 분류하여 자체의 인터페이스를 구성할 수 있다.

4) 온라인 저작도구 기반 모델(Online authoring tool based service model)

온라인 저작도구 기반 모델은 플랫폼 사용자가 직접 콘텐츠를 제작하여 업로드할 수 있는 저작도구를 제공하는 형식이다. 이때 저작권은 업로드를 한 사람이 가지게 되며 CCL(Creative Commons Licence)을 활용하여 저작권 표시가 가능하도록 하는 것이 일반적이다. 온라인 저작도구 기반 모델은 수많은 사용자가 제작한 콘텐츠를 업로드하기 때문에 다양한 종류의 콘텐츠를 확보할 수 있다는 강점이 있다. 그렇지만 이 모델은 비슷한 종류의 콘텐츠가 중복되어 게재될 수 있고 저작권 침해의 문제가 일어날 가능성이 높다는 제한점을 갖는다.

온라인 저작도구 기반 모델의 대표적인 OER 플랫폼으로는 Curriki (http://curriki.org)가 있다. Curriki는 또 다른 OER 플랫폼인 K-12 (http://www.k12.com/)에 콘텐츠를 제공하기 위한 오픈 소스 제공 플랫폼이다. Curriki는 SNS와 연동되어 있어 Curriki 콘텐츠 사용자들 간의 의견 공유가 가능하고 전문가, 교사, 일반인이 참여하는 질관리 시스템인 CRS(Curriki Review System)가 운영되고 있다. CRS의 평가항목은 크게 기술적인 완성도, 콘텐츠 정확도, 그리고 적절한 교육적 성격을 가지고 있는가의 세 가지 기준으로 나뉜다(김미량 외, 2012).

4 OER 플랫폼 관련 쟁점 및 발전방향

2002년에 시작된 OER 운동은 개방성과 다양성을 기반으로 전 세계의 유수 대학이 참여하면서 빠른 속도로 확산되었다. 그러나 OER이 본격적으로 활성화된 지 4~5년이 된 지금, 양적 확산에 집중해오던 OER 플랫폼에 관해서는 몇 가지 쟁점이 제시되고 있다.

첫째, OER 개발에 투입되는 비용 충당의 문제이다. OER의 본래 취지는 양질의 강의를 누구나 무료로 들을 수 있게 하는 것이었다. 수익을 얻고자 하는 영리 활동이 아니었기 때문에 그동안은 대학과 기업이 콘텐츠 생산과 유통에 들어가는 비용을 감당하였다. 일부 OER 플랫폼에서는 수료증 발급의 유료화라는 비즈니스 모델을 취하였지만 이 또한 한계가 있는 것은 분명하다. OER이 보다 지속적으로 운영될 수 있기 위해서는 새로운 방안이 필요한 시점이라고 할 수 있다.

둘째, OER 자료의 질에 대한 문제이다. OER을 이용한 수업은 기존의 이러닝보다 학습자들의 참여도가 높고 교수자의 주도성이 낮은 형태로 교수자가 중심적인 역할을 하지 않기 때문에 더욱 콘텐츠의 품질 확보가 중요할 수 있다. 특히 수요자가 다시 공급자가 되는 형태가 발전함에 따라 OER의 양적 성장은 올라가고 있지만 질에 대한 관리 방안이 명확히 제시되지 못하고 있어 학습자들의 OER에 대한 신뢰가 낮게 평가되기도 한다(오예진, 2017). 따라서 OER 자료의 질관리 방안에 대한 관심과 구체적인 방안 마련이 필요하다고 할 수 있다.

셋째, OER을 활용한 학습과정 평가의 필요성이다. 대부분의 MOOC 플랫폼은 과정 이수 시에 수료증이나 나노 디그리, 마이크로 디그리와 같은 학위를 유료로 발급함으로써 수익을 창출하고 있다. 이 과정에서 학습 과정에 대한 정확한 평가가 필요하다는 것이다. 현재의 OER 플랫폼은 짧은 퀴즈 형태로 평가를 대신하고 있어 학습자의 학습 성취 수준을 판단하기 어렵다는 의견이 있다. 따라서 OER 플랫폼을 통해 취득한 학위에 대한 신뢰성을 보장할 수 없으므로 다양한 평가 방식이 도입될 필요가 있다는 것이다(오예진, 2017).

OER 플랫폼의 형태는 교수학습 방법과 함께 변화하고 있으며 앞서 제기한 이슈인 지속가능한 운영을 위한 고민이 계속되고 있다. OER이 기존의 이러닝과 차별화되는 점은 누구나 교육 자료를 공개할 수 있고 누구나 공개된 교육 자료를 이용할 수 있다는 데에 있다. 그렇다면 향후 OER의 강점을 극대화하고 지속적인 가치 실현이 가능할 수 있는 발전 방향을 생각해 볼 필요가 있다. 우선, 다음의 두 가지 측면에서 살펴보도록 하자.

첫째, OER 플랫폼의 학습자 지향성의 확대이다. 기존의 OER은 MOOC의 형태를 취하는 경우가 많다. MOOC의 가장 큰 특징은 대규모이며 지정된 수강기간에 학습자가 참여할 수 있게 사전에 설정되어 있다는 것이다. K-MOOC 역시 수강신청 기간과 수강기간, 시험기간 등이 정해져 있어 학습자가 과정운영 스케줄을 따라야 하는 형태이다. 그러나 앞으로의 OER 플랫폼은 학습자가 자신의 학습 스케줄을 자유롭게 계획하여 참여할 수 있는 방향으로 나아갈 필요가 있다. 실제로 상시 개설되어 있는 과정이 많을수록 더 많은 학습자들이 서비스를 이용하는 것으로 나타났다. 글로벌 OER 플랫폼 중 하나인 Class Central의 약 65%의 학습자가 개별적으로 진도를 조정할 수 있는 과정을 선호하는 것으로 조사되었다(Dhawal Shah, 2017). 과정 운영의 학습자 자율성 확대 뿐만 아니라 학습자의 학습 활동을 디지털 데이터로 저장하여 유의미한 피드백을 제공할 수 있는 학습 분석(Learning Analytics)도 미래의 OER 플랫폼이 고려해야 할 요소라고 할 수 있다. 2008년도 ICLAK(International Conference on Learning Analytics Knowledge)에서 처음으로 등장한 학습 분석은 데이터 분석을 통해 학습자들의 학습 활동을 객관화하고, 학습 상황과 성과를 예측하는 기술이다(안미리 외, 2015). 학습자 및 교수자에게 필요한 데이터를 제공하고 학습자의 개별화된 학습 경험을 제공한다는 강점이 있기 때문에 OER 플랫폼의 학습자 지향성 확대에 적합한 요소라고 할 수 있다(김진일, 2016).

둘째, 이용자의 교육 자료 생산 참여 확대이다. 현재 OER 플랫폼은 대부분이 기관 차원에서 자료를 제공하고 있으며 이용자는 수요자의 역할을 담당하고 있다. 그러나 질적으로 우수한 교육 자료 공개도 중요하지만 이용 목적에 적합한 형태로 자료를 커스터마이징할 수 있다면 활용도가 더욱 높아질 것으로 기대된다. 이용자들이 자료를 자유롭게 수정하고 추가하면서 더 나은 자료를 생산할 수 있고 자료가 가지는 생명 주기 또한 연장될 수 있기 때문이다. 이러한 이용자의 교육 자료 생산 활동에는 저작권 보호에 대한 인식 제고와 명확한 가이드라인이 뒷받침되어야 한다(정효정 외, 2011). 김원중 외(2015)에서는 다양한 OER 콘텐츠를 이용자들이 자신의 수준과 취향에 맞게 커스터마이징 하는 것을 큐레이션이라고 개념화하였다. 이 연구에서는 재조합한 콘텐츠의 공유와 유통이 확대될 때 이용자들을 위한 최적화된 학습 경험을 제공할 수 있을 것이라고 제안한다. 이러한 방식은 온/오프라인이 결합된 형태인 블렌디드러닝이나 플립드러닝을 지원하기에도 적합하며 단방향적인 콘텐츠의 제공에서 나아가 OER의 활용도를 더욱 높일 수 있을 것으로 전망된다(김진일, 2016). 말레이시아의 Kebangsaan 대학은 OER 플랫폼을 오프라인 수업의 보완재로써 활용하였으며 온/오프라인 수업의 유기적인 관계를 맺기 위하여 스마트 기기 사용, 물리적인 교실환경의 변화 등도 함께 추진하여 혁신적인 교육현장의 변화를 이루어내기도 하였다(Norman, H., 2017).

5 맺음말

컴퓨터의 OS로 시작된 플랫폼은 현재 국내외 교육계에서 떠오르는 쟁점인 OER에서도 중요한 역할을 하고 있다. 막대한 양의 OER이 있다고 하더라도 저장하고 찾을 수 있는 공간이 없다면 무용지물이기 때문이다. OER 플랫폼은 OER을 저장하는 공간이면서 사용자와 OER이 만날 수 있게 해주는 장소이기도 하다. 이에 본 장에서는 OER 플랫폼의 의미와 초기 이러닝에서부터 시작된 플랫폼의 형태에 대해 살펴보았다. 그리고 현재 국내외에서 가장 많이 사용되고 있는 대표적 플랫폼들의 구성 요소들을 분석해 보았다. 그 결과는 OER 플랫폼은 양질의 콘텐츠를 지속적으로 확보, 확장해 나갈 수 있어야 하며, 사용자들이 원하는 콘텐츠를 쉽게 찾을 수 있도록 설계되어야 하며, 저작권에 대한 지침이 명확히 제공되어야 한다는 것으로 요약될 수 있다.

현재 대부분의 OER 플랫폼은 플랫폼을 운영하는 주체가 OER을 선별하여 업로드하는 형태이기 때문에 콘텐츠의 질관리가 운영 주체를 중심으로 이루어지고 있다. 하지만 OER 플랫폼이 앞으로 더욱 활성화될 경우에는 동영상 플랫폼인 유튜브(www.youtube.com)처럼 오픈마켓체제로 나아갈 수도 있다. 오픈마켓은 콘텐츠 업로드의 주체가 운영자가 아닌 플랫폼을 이용하는 모든 사람들이기 때문에 누구나 콘텐츠를 공유할 수 있는 형태이다. 이러한 오픈마켓체제는 운영주체가 콘텐츠의 질을 관리하는 것이 어렵기 때문에 사용자 평가를 통해서 질관리가 이루어진다. 현재 OER 플랫폼의 대부분이 콘텐츠에 대해 사용자가 별점, 댓글, 신고 등을 통해 평가할 수 있는 기능을 허용하고 있기 때문에 OER의 질관리는 사용자에 의해 자유경쟁체제로 이루어질 수도 있을 것이다.

OER 플랫폼에서 주목해야 하는 또 다른 중요한 이슈는 저작권 문제이다. 본 장에서 시범적으로 분석해 보았던 OER 플랫폼 중 일부는 각 OER 콘텐츠의 저작권 정보에 대한 표기가 미흡한 것으로 나타났다. 저작권에 대한 명확한 표기는 저작자의 권리를 보호할 뿐만 아니라 사용자가 콘텐츠를 사용할 때 발생할 수 있는 혼란을 예방할 수 있으므로 OER 플랫폼은 저작권 표기 템플릿을 제공할 필요가 있다.

수많은 기차가 지나가더라도 승강장이 없다면 승객은 올라탈 수가 없다. 무수히 많은 OER이 만들어지더라도 플랫폼 없이는 사용자가 이용할 수 없게 된다. OER 플랫폼이 지속적으로 발전하기 위해서는 공급자와 수요자 모두의 니즈를 분명히 파악하고 이를 적절히 실현해내기 위한 노력이 필요할 것이다.

참고 문헌

강인애, 진선미, 배희은(2016), 스마트 교육을 위한 LMS의 특징 : LMS 사례분석을 중심으로, **교육정보미디어연구**, 22(2), 195-222.

고은진, 이훈기, 한미경, 장종현(2015), Tele-experience 실감서비스 플랫폼 기술, **한국통신학회지**, 32(3), 60-67.

김미량, 이문호, 유상미, 신승용, 김상연, 조진숙, 이신희(2012), 교육정보 집중관리 체제 구축 및 활성화연구, 한국교육학술정보원, CR2012-15.

김석수(2005), e-learning 플랫폼과 디지털컨텐츠 저작권 보호에 관한 연구, **융합보안연구지**, 5(1), 75-83.

김신웅, 김성호, 최종렬, 권오봉, 김용성(2012), 오픈소스 Moodle LMS이 모듈을 확장한 프로그램 설계 및 구현, **한국컴퓨터게임학회논문지**, 25(3), 157-164.

김원중, 설근수, 양재동(2017), 플립드러닝을 지원하는 온톨로지 기반 교육 콘텐츠 소셜 큐레이터 구현, **일본어교육연구**, 38, 39-53.

김진일(2016), 한국형 무크 플랫폼 표준화를 위한 핵심 기능 도출, **한국정보기술학회논문지**, 14(3), 137-145.

김회미, 김보연(2013), 사용성 평가를 통한 효과적인 오픈 교육 콘텐츠 플랫폼 UX/UI디자인 방향 제안, **Design Convergence Study**, 12(5), 189-204.

나일주 외(2015), 「글로벌 학습시대 묵스의 이해」, 서울: 학지사.

노규성(2004), CRM 기능의 e-Learning 플렛폼에의 적용에 관한 연구, **인터넷전자상거래연구**, 4(2), 247-264.

박인우, 임다미, 차민정, 김진희(2010), 고등교육 공개 교수학습자료와 정규교육 연계방안 연구, **한국교육학술정보원**, CR2010-12.

박정배, 임희석(2015), 협동학습을 위한 소셜러닝 플랫폼 설계, **한국컴퓨터교육학회 하계 학술발표논문지**, 19(2), 171-174.

박정호, 강장묵(2011), 교육정보 자유이용체제 구축을 위한 서비스 모델에 관한 연구, **한국인터넷방송통신학회논문지**, 11(2), 73-81.

박종만, 최병준, 엄태원(2012), 개방형 서비스플랫폼 개발의 방향성 연구, **한국정보기술학회지**, 10(3), 51-60.

손경아, 김동식(2003), 학습객체 기반의 자원기반학습시스템 프로토타입 개발, **교육공학연구**, 19(4), 107-138.

신나민, 전명운, 김수연(2016), OER 플랫폼 분석을 위한 지표 개발 및 분석의 실제, **교육정보미디어연구**, 22(3), 561-581.

안미리, 최윤영, 고윤미, 배윤희(2015), 해외 학습분석학(Learning Analytics)연구에 대한 동향 분석: 실증 연구 중심으로, **교육정보미디어연구**, 21(4), 601-643.

오예진(2017), 미국 MOOC 사례를 통해 본 한국형 무크의 발전방향 모색: 고등교육을 기반으로 한 평생교육의 관점을 중심으로, **평생교육 · HRD연구**, 13(1), 103-135.

이준(2002), LCMS(Learning Content Management System)기반의 e-Learning 개발과 적용, **교육정보방소연구**, 81(2), 93-113.

임동우(2013), 플랫폼전략의 양면성시장 연구동향에 관한 연구, **Journal of Business Research**, 28(1), 109-139.

장상현(2016), 오픈소스 기반 MOOC 플랫폼 설계 원칙 및 구축, **정보처리학회지**, 23(6), 43-54.

장정아, 전미현, 김규태(2014), 교육용 콘텐츠 관리 및 활용 방향, **2014년도 대한기계학회 교육부문 춘계학술대회 논문집**, 43-46.

장정아, 전미현, 김규태(2014), 교육용 콘텐츠 관리 및 활용 방향, **대한기계학회 교육부문 추계학술대회 논문집**, 43-46.

장정훈, 이광형, 노규성(2016), 플랫폼비즈니스 성공요소의 경쟁력 비교 분석에 관한 연구, **디지털융복합연구**, 14(3), 243-250.

전산용어사전편찬위원회(2012), 「컴퓨터인터넷IT용어대사전」, 서울: 일진사.

정효정, 권숙진, 조항철, 김동식(2011), 국내외 OER(Open Educational Resource) 현황 분석 및 발전방향 탐색, **한국콘텐츠학회 종합학술대회 논문집**, 9(1), 223-224.

최선진(2015), 공유 · 기부 콘텐츠 관리 가이드라인, 한국교육학술정보원.

한국교육학술정보원(2016), 2016 교육정보화백서.

Anaraki, F.(2004). Developing and effective and efficient eLearning platform. *International Journal of the Computer, the Internet, and Management*, 12, 75-63.

Daniel, D. (2001). Most learning objects aren't, http://www.nyuonline.com/vn_3/inside/articles/objects_aren't.html

Daniela Carlucci, Olivera Kitanovix, Irena Rajlic, Nikola Vulovic, Zoran Jevremovic. (2015), A platform for management of academic and entrepreneurial knowledge, 10th International Forum on Knowledge Asset Dynamics, 1801-1812.

Dhawal Shah. (2017), The Evolution of MOOCs, 2017 TCU International E-Learning Conference 발표자료.

Helmi Norman. (2018), Re-designing the learning experience on moocs, 2017 TCU International E-Learning Conference 발표자료.

Meena Hwang. (2012), Choosing the right platform for OER platform, Proceedings of the Regional Symposium on Open Educational Resources: An Asian Perspective on Policy and Practices.

참고 사이트

에듀넷(www.edunet.net)

칸 아카데미(www.khanacademy.org)

한국방송통신대학교 OER(www.oer.knou.ac.kr)

Curriki(www.curriki.org)

KOCW(www.kocw.net)

RISS(www.riss.kr)

Youtube(www.youtube.com)

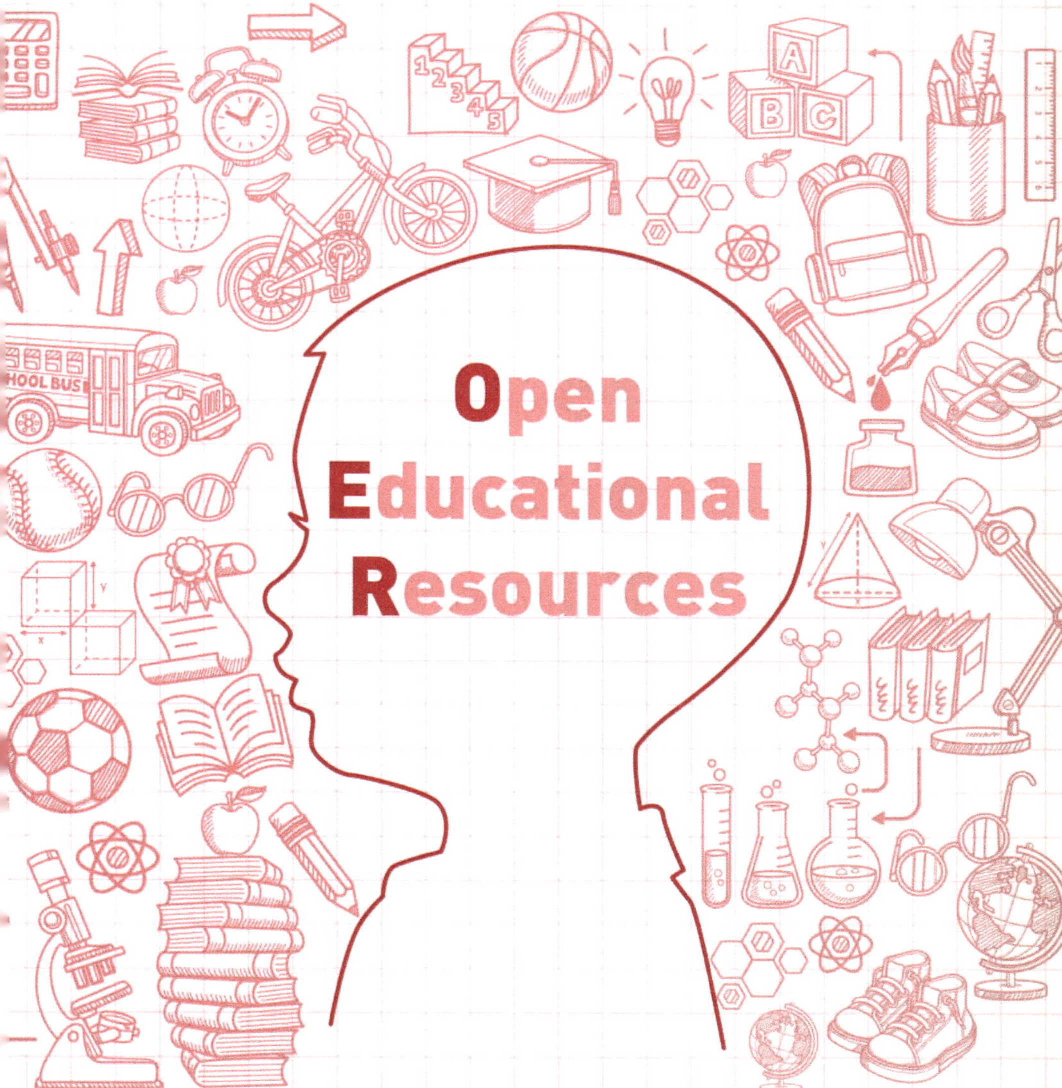

Open Educational Resources

제8장

교육용 동영상 제작 방법

Open Educational Resources

제8장

교육용 동영상 제작 방법

김 솔

앞서 여러 장에서 언급하였듯이 OER은 단순히 공개된 교육 자료만을 의미하는 것은 아니다. OER은 자료를 개발하고 전달하기 위한 도구들과 실행자원까지 모두 포함한다고 할 수 있다(Margulies, 2005). 하지만 교수자에게 OER 활용의 핵심 요소를 뽑으라 하면 당연히 '학습 콘텐츠'일 것이다. KBS 다큐멘터리 '거꾸로 교실의 마법－1000개의 교실' 방영을 시작으로 초·중등학교에서 빠른 속도로 확산된 '플립드러닝(Flipped Learning)에서는 학습 콘텐츠의 역할이 강조된다. 학생들이 수업 전에 동영상 강의를 보고 온 후, 학교 교실에서는 활동 중심의 수업이 이루어지는 방식이기 때문이다. 이와 더불어 학교에서는 전통적인 강의식 수업에서 벗어나 QR 코드를 활용한 수업이나 다양한 방법의 수업들을 하고자 노력하고 있다. 하지만 여전히 교수자에게 가장 필요한 것은 학습 콘텐츠이다.

학습 콘텐츠는 교과서, 학습지, ppt 등 다양한 형태로 존재한다. 그 중에서도 동영상은 학생들의 흥미도를 높여주며(한미경, 2009), 여러 가지 외적 표상을 종합적으로 보여줄 수 있어 효과적인 교수매체 가운데 하나이다(고민석, 2015). 이 밖에도 동영상의 학습 효과는 이미 여러 연구를 통해 입증되었지만 교수자가 실제로 동영상을 제작하여 학습 내용을 전달하는 경우는 드물었다. 그러나 최근에는 초·중·고등학교와 대학교 수업 현장에 플립드러닝 교수법을 도입하면서 동영상을 직접 제작·사용하는 교수자가 증가하고 있다.

문제는 아직도 대다수의 교수자들이 동영상을 제작하는 작업을 어려워 한다는 것이다. 본 장에서는 교수자가 직접 동영상을 제작하는 데 있어 알아두어야 할 고려사항을 및 방법들을 살펴보고자 한다. 그리고 자신이 제작한 교육용 영상을 다른 교수자들과 서로 공유하기 위해 동영상을 OER로 전환할 때 고려해야 할 사항들도 알아본다.

1 교육용 동영상 제작 방법

누구나 한 번쯤은 핸드폰이나 카메라로 동영상을 찍어보았을 것이다. 동영상 촬영은 무언가를 기념하기 위해서 혹은 교수자가 학생들을 가르치기 위해서 등 다양한 목적으로 이루어진다. 일정 순간을 기념하기 위한 동영상 촬영은 별다른 기술이 필요하지 않을 수 있다. 그러나 정보전달을 위한 동영상 제작에는 준비단계가 필요하다. 먼저 동영상 제작 전 준비사항에 대해 살펴보자.

가. 제작 전 준비사항

교육용 동영상 개발은 크게 '기획-설계-제작-평가'의 4단계로 이루어진다. 이 중에서도 동영상을 제작하기 전 교수자가 해야 할 일은 기획과 설계이다.

1) 기획

기획은 동영상 콘텐츠 개발의 첫 단계이다. 이 단계에서는 콘텐츠의 범위, 형태, 서비스 등에 대한 분석이 이루어진다. 이 가운데서도 교수자가 해야 할 일은 요구분석과 콘텐츠 기획으로 요약된다.

먼저 요구분석은 크게 요구사항 정립과 사용대상 분석, 환경 분석으로 나뉜다(서영석 외, 2003). 요구사항 정립에서는 콘텐츠 개발 목적과 학습내용 및 개발범위, 콘텐츠 유형, 사용대상, 요구기능, 기대효과를 분석한다. 여기서 말하는 요구기능이란 인터넷 도구와 교수-학습 도구로 나뉘는데, 인터넷 도구는 콘텐츠 활용을 위해 필요로 하는 기술을 뜻하며 교수-학습 도구는 콘텐츠를 활용할 때 필요한 교수-학습 도구를 의미한다. 이를 바탕으로 작성된 요구분석서의 예를 살펴보면 다음과 같다.

〈표 8-1〉 요구 분석서 작성 사례

단 계	분석 대상	분석 내용
개발 목적	개발 목적	이 프로그램은 초등학교 선생님들이 5학년 2학기 수학과 교수·학습시간에 활용하기 위해 개발함
개발 범위	학습 내용	선대칭 도형에 대해 알아보기
	교육 과정	초등학교 수학 5학년 2학기 '5. 선대칭도형' 단원
콘텐츠 유형	콘텐츠 형태	동영상
	교수학습 유형	WBI
사용 대상	학년	초등 5학년
	나이	12–13세
요구 기능	인터넷 도구	웹 브라우져
	교수학습 도구	핸드폰 또는 TV
기대 효과	학습의 효율성	대칭축을 통한 도형의 변화를 시각적으로 확인할 수 있음
	경제성	개발 비용이 저렴하면서도 웹을 통한 활용가능성이 큼
	효용성	교단선진화 기자재를 이용하여 폭넓게 활용 가능

출처: 서영석 외(2003: 21), 알기 쉬운 컨텐츠 개발방법론, 한국교육학술정보원의 표를 약간 수정함.

요구사항을 정립한 후에는 동영상을 사용할 대상에 대한 분석이 이루어져야 한다. 대상 분석은 연령 분석과 특성 분석으로 나뉜다. 연령 분석에는 나이와 학년 분석이 포함되고, 특성 분석에는 대상 연령이 지니고 있는 문화적, 언어적, 심리적 특성과 학습자에게 요구되는 선수지식, 학습자 태도에 대한 분석이 포함된다.

〈표 8-2〉 대상 분석서 작성 사례

단 계	분석 대상	분석 내용
대상 연령	대상 연령	12세
	대상 학년	초등 5학년
대상 특성	문화적 특성	컴퓨터 게임을 좋아하며, 집단 활동에 즐겨 참여함
	언어적 능력	문장과 글짓기의 체계를 어느 정도 갖춤, 복문의 이해력이 점차 향상됨
	심리적 특성 분석	구체적 경험을 통한 학습을 선호, 또래집단 활동의 비중이 높아짐, 학습에 대한 계획 수립과 자기주도적 성향이 점차 발달해 감
	선수 지식	기본 도형의 개념, 작도 방법, 합동 조건
	학습자 태도 분석	영상매체를 통한 시각적 경험에 쉽게 동기유발됨, 도형의 개념 형성을 위한 구체적 조작활동에 적극 참여함

출처: 서영석 외(2003: 22). 알기 쉬운 컨텐츠 개발방법론. 한국교육학술정보원.

대상 분석 다음으로는 환경 분석을 실시한다. 이는 사용되는 콘텐츠의 기술 분석이나 콘텐츠 제작 툴 기술, 학습자의 PC 사양 등을 분석하는 것이다. 환경 분석 시 고려되어야 할 분석 대상과 내용에 대한 예가 <표 8-3>에 제시되어 있다.

〈표 8-3〉 환경 분석서 작성 사례

단 계	분석 대상	분석 내용
기술동향 분석	정보통신기술 분석	동영상
	교수·학습 모형 분석	ICT활용 교수학습모형
개발환경 분석	응용프로그램	Adobe Premiere Pro CC
	서비스 환경	T1급 이상
	서버 환경	생략
사용자 환경 분석	PC 환경	CPUIntel® Core™2 Duo 프로세서(64비트 지원 필요), 메모리4GB RAM(8GB 권장), 그래픽카드 1280x800, 디스크 4GB 이상
	인터넷 환경	T1급 이상, 익스플로어 5.0 이상

출처: 서영석 외(2003: 23), 알기 쉬운 컨텐츠 개발방법론, 한국교육학술정보원의 표를 약간 수정함.

환경 분석서 작성의 경우에는 서비스 환경이나 서버 환경, PC 환경과 인터넷 환경과 같은 부분이 어렵게 다가올 수 있지만 걱정할 필요 없다. 최근 플립드 러닝과 함께 MOOC이 하나의 교수-학습 방법으로 떠오르면서 동영상 콘텐츠 제작에 도움을 주는 곳이 많아지고 있다. 특히, 대학에서는 학내에 교수-학습지원센터가 있어 영상제작에 도움이 필요한 부분들을 지원해 줄 수 있다.

요구사항의 정립, 사용대상 분석, 환경 분석이 모두 끝났다면 이를 바탕으로 콘텐츠 기획서를 작성한 후 메타데이터 정보를 작성해야 한다. 메타데이터를 작성해 놓으면 후에 여러 학습 콘텐츠들을 분류, 정리하고 필요한 콘텐츠들을 찾고 활용하는 데 유용하다. 매 단계별로 관련된 메타데이터를 작성해 놓으면 내용 정리에 있어 오류를 최소화할 수 있다.

2) 설계

기획 단계를 거쳐 이제는 구체적으로 어떤 흐름으로 콘텐츠를 구성하고 전개해 나갈 것인지에 대한 전략을 짜는 것이 필요하다. 이 단계가 바로 설계 단계이다. 설계 단계에서 가장 중요한 일은 학습 객체에 기반하여 콘텐츠 내용을 쪼개는 것이다. 학습 객체의 개념은 어떠한 맥락에서 사용되느냐에 따라 그 정의가 조금씩 달라질 수 있다. 이 장에서의 학습 객체는 "하나의 학습목표를 달성하는 데 활용될 수 있는 최소한의 학습내용"으로(손경아, 2002, p. 30), "독립적이고 다양하게 활용이 가능한 콘텐츠 조각"을 의미한다. 한국교육학술정보원에서는 학습 객체의 크기를 정의하기 위해 다음과 같은 3가지 원리를 제시하고 있다.

첫 번째 원칙은 학습 객체는 탈맥락적인 단위어야 한다는 점이다. 예를 들어, 개념 1에 대한 동영상을 보는데 이전의 강의를 듣지 않으면 이해할 수 없다거나 내용이 다음 강의와 연결되는 경우에는 개념1 동영상만을 독립적으로 떼어낼 수 없기 때문에 학습 객체라고 보기 힘들다.

두 번째는 학습 객체는 교수설계 이론에 기반해야 한다는 점이다. 가르치고자 하는 과제를 체계적으로 분석하여 나누어야 어디까지를 하나의 단위로 묶을 것인지, 즉 학습 객체의 크기를 결정하는 데 좀 더 용이하다는 것이다.

세 번째는 학습 객체의 크기는 작아야 한다는 점이다. 하나의 콘텐츠에는 하나의 학습목표와 개념이 담겨있어야 한다. 동영상의 경우에는 대개 5분 내외라고 할 수 있다. 이는 학습자의 집중력을 고려하여 정해진 시간인데, OER을 살펴보면 대개 5분 내외로 제작되는 것을 볼 수 있다.

학습 객체는 이미지, 동영상, 문서 등 각종 자료들과 학습의 시작부터 학습 활동과 마무리까지를 모두 포함한다고 할 수 있다. 예를 들어, 어떤 시를 가르치기 위하여 도입 부분에서는 그 시의 배경을 사진으로 보여주고, 학습 활동에서 시의 내용을 PPT로 가르친 다음, 정리를 애니메이션을 통해 했다면 도입에서부터 정리까지를 모두 묶어 하나의 학습 객체로 볼 수 있는 것이다. 또는 넓이와 무게의 단위를 가르치기 위해 개념 설명과 활동, 정리를 담아 동영상으로 만들었다면 이 역시 학습 객체로 볼 수 있다.

학습 객체를 기반으로 콘텐츠 내용을 잘랐다면 이번에는 교수-학습 전략을 설계한다. 그런 다음 교수자는 기획 단계 때와 마찬가지로 설계 단계에서도 메타데이터를 작성한다. 기획 단계 시의 메타데이터와 설계단계의 그것이 조금 다른 점은 설계 시에는 콘텐츠 전반에 관한 메타데이터를 작성해야 한다는 것이다. 메타데이터를 작성할 때에는 저작권에 관해서도 그 여부를 밝혀줘야 한다.

메타데이터까지 모두 작성하였다면 최종적으로 스토리보드를 작성한다. 스토리보드란 광고를 찍기 전 콘티를 제작하는 것처럼 학습 콘텐츠를 만들기 전 어떠한 순서로 제작할 것인지 구체적인 그림을 종이 위에 그리는 것이다. 그러나 최근에는 일일이 종이 위에 그리기보다는 컴퓨터를 통해 전체적인 흐름을 구현하는 경우가 많다. 스토리보드를 작성하게 되면 실제 제작 시 범할 수 있는 오류를 줄일 수 있다.

동영상 제작을 위한 기획과 설계는 끝났다. 이제 이를 바탕으로 동영상을 제작하면 된다. 기획과 설계가 하나의 그림을 완성하기 위한 스케치였다면, 제작은 스케치 위에 색상을 입히는 과정이다. 그렇다면 지금부터는 어떻게 색상을 입혀야 보기 좋으면서도 이해도가 높은 동영상을 만들 수 있는지 그 제작 방법에 대해서 살펴보자.

나. 제작 과정

교육용 동영상 제작 과정은 크게 촬영과 편집으로 나눌 수 있다.

1) 촬영

촬영 방식은 크게 두 가지 방식이 있을 수 있다. 첫 번째는 교수자가 목소리만으로 수업을 이끌어가는 것이고, 두 번째는 교수자의 모습이 영상에 직접 등장하여 수업을 진행하는 것이다.

첫 번째 경우에는 종이에 직접 필기와 설명을 해가며 촬영할 수도 있고, PPT나 Icannote, CaraPen 2015 등 다양한 프로그램을 활용하여 영상을 촬영할 수도 있다. 교수자가 종이에 직접 필기하며 설명하는 방

〈그림 8-1〉 전자판서 프로그램으로 설명하는 방식의 예

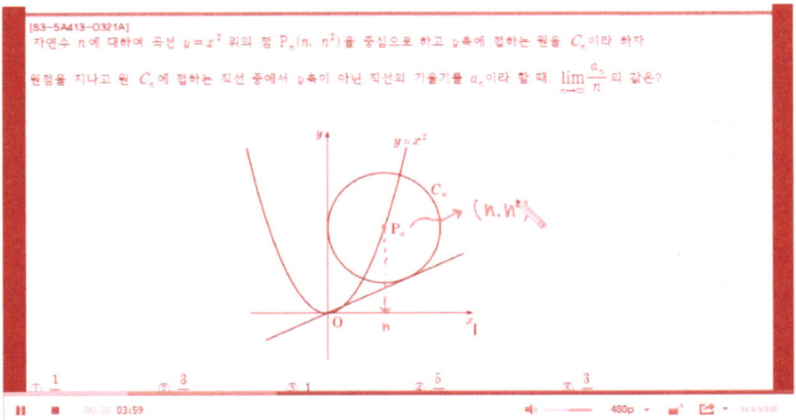

출처: 가나수학전문학원(http://blog.naver.com/ganamath1)

법은 비교적 쉽다고 할 수 있다. 왜냐하면 이는 핸드폰과 삼각대, 학습 내용과 필기 도구만 있으면 어디서든지 촬영이 가능하기 때문이다. 최근에는 동영상 촬영과 편집을 할 수 있는 앱이 다양하기 때문에 촬영 후에 바로 간단한 동영상 편집도 가능하다. 다만 화면이 흔들리거나 필기하는 손으로 인해 음영이 지는 것과 같은 점은 주의를 요한다.

따라서 전문 프로그램을 활용할 경우에는 좀 더 깔끔한 동영상을 제작할 수 있다. 앞서 언급한 Icannote는 전자 판서 필기 프로그램으로써 디지털 강의를 위해 제작된 무료 프로그램이다. 인터넷에 Icannote를 검색하면 쉽게 다운로드 받을 수 있으며 사용 방법이나 단축키 등이 설명되어 있다. 뿐만 아니라 Icannote를 사용하고 있는 사람들의 모임이 있어 사용방법에서의 궁금증, 녹음할 때 사용하기 좋은 마이크의 종류 등 다양한 정보들을 서로 공유하며 실제 사용 후 제작한 자료들도 공개하고 있다. <그림 8－1>의 경우에는 수학문제를 그림으로 가져와서 전자판서 필기 프로그램으로 교수자가 설명하는 방식의 예이다.

〈그림 8-2〉 교수자가 직접 영상에 나오는 경우

출처: https://www.highlands.edu/english-teacher/

두 번째는 교수자가 직접 영상에 나와 수업을 진행하는 모습을 촬영하는 방법이다. 이 경우 마이크나 카메라와 같은 장비가 필요하며, 수업 진행 방법에 따라 칠판과 같은 도구가 필요하기도 하다. <그림 8-2>가 이 예에 해당된다.

동영상 촬영 시 반드시 전문적 카메라나 캠코더를 사용할 필요는 없다. 화소가 높은 핸드폰으로도 충분하다. 다만 이 경우에는 별도의 마이크가 필요할 수 있다. 마이크의 종류는 다양한데 그 중에서도 블루투스 이어셋은 휴대하기 간편하며 사용하기도 유용하다. 'ReadyMic'이라는 유료 앱을 깔면 블루투스 이어셋과 연결이 되어 이어셋이 무선 마이크의 역할을 한다. 하지만 아이폰/아이패드용이어서 그 외의 모바일 기기에서는 사용되지 않는다. 가장 손쉬운 방법은 자신이 가진 모바일에서 적절한 '무선 마이크' 앱을 검색하여 사용해 보는 것이다.

2) 편집

동영상을 편집하는 프로그램은 초보자용부터 TV방송제작용까지 다양하다. 흔히 고급 편집 프로그램을 사용하면 좋은 동영상을 만들 수 있을 것이라고 생각한다. 하지만 중요한 것은 비싼 프로그램이 아니라 목적에 맞고 사용자가 다룰 수 있는 프로그램이어야 한다는 것이다. 따라서 지금부터는 일반적으로 많이 사용되는 동영상 편집 프로그램을 소개하고자 한다.

(1) 곰믹스

곰믹스는 무료로 배포되는 국내의 대표적인 동영상 편집 프로그램으로 비교적 간단한 조작법으로 다양한 영상 편집이 가능하다. 영상을 자르거나 붙이고, 영상에서 소리를 제거하거나 입히는 기본 편집과 핸드폰이나 PC에서 실행될 수 있도록 동영상으로 변환해주는 인코딩이 가능하다. 또한 자막이나 이미지를 입힐 수도 있다. 곰믹스는 2017년 2월 18일에 서비스가 종료된 영상 편집 프로그램인 다음팟 인코더와 유사한 인터페이스로 기존에 다음팟 인코더를 사용하던 사람들도 쉽게 적응할 수 있을 것이다.

곰믹스에 필터, 영상전환 등 좀 더 다양한 기능을 추가한 것이 곰믹스 프로이다. 그러나 곰믹스 프로의 경우에는 무료와 유료버전이 있어 무료버전의 경우에는 10분 이하의 동영상만 제작할 수 있다는 점, 모든 효과를 이용할 수 없다는 점, 그리고 영상 상단에 'gom mix pro'라는 워터마크가 나온다는 점 때문에 복잡한 효과가 필요하지 않은 경우에는 곰믹스가 좀 더 유용하다고 할 수 있다.

(2) 윈도우 무비 메이커(Window Movie Maker)

무비 메이커는 간단한 영상 편집에 사용하기 좋다. 무엇보다 개인용 PC에 기본적으로 깔려있으며, 없더라도 네이버에서 검색을 통해 무료로 다운받아 사용이 가능하다. 화면 삽입과 노래, 자막 등 다양한 편집 기능이 있으며 화면 전환용 애니메이션이나 다양한 시각 효과도 가능하다.

무비 메이커에는 '웹캠 비디오'라는 기능이 있다. 만약 웹캠을 이용하여 촬영을 한다면 영상을 찍은 후 바로 편집을 할 수 있어서 간편하다. 초보자에게는 조금 어려운 접근 방법일 수 있지만 몇 번 연습하다

보면 쉽게 사용할 수 있다.

(3) 네이버 포토 동영상

무료로 사용할 수 있는 편집 프로그램으로 자막, 노래 삽입과 같은 기본적인 편집이 가능하며 친숙한 접근 구조를 갖추고 있어 누구나 쉽게 사용할 수 있다. 사용할 수 있는 기능은 무비 메이커와 비슷하다.

(4) 뱁믹스(Vapmix)

뱁믹스는 무료와 유료 사이에 걸쳐진 편집 프로그램이다. 프로그램 다운로드와 기본적인 편집은 무료로 가능하다. 뱁믹스가 위의 편집 프로그램과 다른 점은 기본적인 자막 외에도 일정한 금액을 지불하면 TV에서 볼 수 있는 화려한 자막들을 사용할 수 있다. 그 외에도 동영상의 속도를 늘였다 줄였다 하여 슬로우 모션의 느낌을 줄 수 있으며, 영상 확대 기능도 가능하다. 하지만 사용을 위해서는 간단한 회원가입을 해야 하는데 이메일 주소와 이름 정도로 가입이 가능하다.

그 외에도 베가스나 포토샵, Adobe Premiere Pro CC 등이 있다. 위에서 소개한 네 프로그램의 경우에는 무료로 다운받을 수 있지만 베가스와 포토샵의 경우에는 유료이며, Adobe Premiere Pro CC의 경우에는 네이버에서 무료 체험버전을 사용할 수 있다. 시중에는 이 프로그램들의 사용 방법을 세세하게 다룬 책들이 많기 때문에 사용 방법을 배우고 싶다면 관련 책을 보는 것도 좋은 방법이 될 것이다.

다음으로는 핸드폰으로 영상 촬영과 편집을 함께 하는 경우에 사용할 수 있는 앱을 소개하고자 한다.

(1) 거꾸로 칠판

거꾸로 칠판은 미래교실네트워크에서 제공하고 있는 무료 앱이다. 이 앱은 플립드 러닝을 하는 교사들이 사전 영상을 만들 때 사용하기 위해 제작된 앱으로 기능은 단순하다. 일시 정지와 줌 인·아웃, 영상 자르기의 3가지가 가능하며 촬영할 수 있는 영상의 크기는 1GB 이하여야 한다.

(2) VivaVideo

VivaVideo는 앱 스토어에서 가장 평점이 높은 앱이다. 촬영 방법은 캡처와 슬라이드쇼가 있다. 캡처는 시작 버튼을 눌러 촬영을 하다 중간에 멈추고 자신이 촬영하고 싶은 부분부터 다시 시작을 눌러 촬영이 가능하다. 촬영이 모두 끝나면 자동적으로 편집 화면으로 넘어간다. 이때, 원하는 장면에 자막과 배경 음악 삽입이 가능하다. 또 다른 편집 기능으로는 영상을 자르거나 두 개의 영상을 붙일 수 있다. 슬라이드쇼는 사진을 이어 붙이는 촬영 기법이다. 조작 방법이 어렵지는 않지만 모바일로 이루어진다는 특성상 보통의 핸드폰은 화면이 작아 편집할 때 불편함이 있을 수 있다.

(3) PowerDirector

PowerDirector는 검색창에 '동영상 편집 어플'을 치면 가장 많이 나오는 앱 가운데 하나이다. 이 앱의 기능은 VivaVideo와 비슷하다. 기능으로는 자막, 배경음악 삽입과 영상 자르기와 붙이기가 있다. 여기에 좀 더 추가된 부분은 화면과 화면 사이의 애니메이션과 같은 효과 삽입과 컬러보드 삽입이 가능하다. 그 외에도 영상 소리와 배경음악 소리 간의 믹싱이 가능하다. 이 앱은 촬영보다는 편집 위주로 구성되어 있는 앱으로 초보자도 편집할 때 다루기 쉽게 구성되어 있다.

다. 제작을 위한 참고자료

동영상 제작의 난이도는 제작자의 편집 기술에 따라 다르게 느껴질 것이다. 이 장에서는 좀 더 다양한 방법의 촬영 기법과 편집 방법에 관심있는 교수자들을 위해 관련 연수와 참고 사이트를 소개하고자 한다.

(1) 연수

- 미래교실네트워크(http://www.futureclass.net/index.do)

미래교실네트워크에서는 플립드 러닝을 시도하는 교수자들을 위한 직무연수가 이루어지며 일부 차시에서 동영상 제작 부분을 다룬다. 초

·중·고등학교뿐만 아니라 대학교나 기타 기관에서도 신청이 가능하다. 이는 대면 연수나 원격직무연수도 찾아볼 수 있다. 원격직무연수는 '행복한 연수원'에서 '거꾸로 교실을 통한 수업 혁신'이라는 제목으로 진행되는데 커리큘럼을 살펴보면 17차시부터 19차시 동안 디딤수업(사전 동영상)제작에 대해서 배운다.

• 티처빌(http://www.teacherville.co.kr/)

티처빌에는 자율연수의 형태로 '영상제작교육'에 관한 연수가 있다. 이 연수는 총 15시간으로 구성되어 있는데 촬영 기술, 편집 기술, 프리미어 사용법 등에 대하여 배운다. 연수비는 무료이며 추천 대상은 교사로 되어 있지만 추천 대상 외의 회원인 경우에도 연수를 받을 수 있다.

(2) 사이트

• 에듀윌(http://studio.eduwill.net/)

에듀윌은 동영상을 제작해 주는 업체이다. 이 곳에서는 촬영을 위한 장소와 장비를 제공해준다. 그리고 업체와 상의를 하여 일정 금액을 지불하면 동영상 촬영부터 편집까지 대행해 준다.

• 베가스 배움터(http://cafe.naver.com/vegas8090/)

이 사이트는 베가스를 사용하는 사람들이 설치, 자막, 영상, 음향 등 궁금한 점을 질문하고 답변 받는 카페이다. 이 곳은 자신이 개인적으로 궁금한 점을 올려 답을 받을 수 있기 때문에 이리저리 검색을 하지 않아도 혼자 익힐 수 있다는 장점이 있다. 그러나 가입을 하고 등급을 올리는 신청을 하는 등의 몇 가지 절차를 거쳐야 하는 번거로움이 있다.

• 영상꼼수 놀이터(http://ferieo.blog.me/220456649454)

이 곳은 영상에 관심이 많은 사람들을 위해 다양한 프로그램의 영상 편집 방법을 올려 놓은 블로그이다. 어도비 프리미어와 무비 메이커를 집중적으로 다루고 있다. 대부분의 방법들이 사진과 글을 함께 사용하여 설명하고 있어 바로 따라하기 쉽다.

동영상 제작에 능숙해지는 가장 좋은 방법은 자주 계속해서 제작해 보는 것이다. 동영상 촬영과 편집은 기술적인 부분이기 때문에 타자치는 것이나 핸드폰을 만지는 것처럼 여러 번 연습하다 보면 금방 익숙해진다.

2 공개와 공유를 위한 고려사항

몇 년 전만 해도 수업은 교수자 개인의 영역이기 때문에 다른 사람에게 함부로 공개하고 평가한다는 것 자체가 불편하게 여겨졌다. 따라서 교수자의 학습 콘텐츠 역시 서로 공개하고 공유하는 문화보다는 본인만 사용하고 소장하는 것에 그치는 경우가 대부분이었다.

그러나 MIT의 공개 강의를 시작으로 OER 운동이 일고, 이에 더불어 MOOC이 등장하면서 고등교육 현장에서는 교수자들이 학습 콘텐츠를 공개하고 서로 공유하는 것에 대한 거부감이 사라지고 있다. 초·중·고등학교 현장에서도 플립드 러닝의 확산으로 인하여 교사들의 커뮤니티가 만들어지고 있으며, 이로 인하여 교사들 사이에서도 학습 콘텐츠의 공개와 공유가 활발해지게 되었다.

나아가 교사들은 학습 콘텐츠의 생산자임과 동시에 소비자로서 동영상을 비롯한 학습 자료들을 서로 공유하면서 좋은 부분은 다시 활용하고, 부족한 부분은 서로 피드백을 주면서 보다 질 좋은 학습 콘텐츠를 만들어가고 있다.

그러나 학습 자료를 공개, 공유한다는 것은 다른 사람에게 나의 지적 소유물을 사용하는 것을 허락하는 것이기 때문에 저작권이나 다른 사람이 사용할 수 있는 정도에 대해 본인이 알고 있어야 한다. 그리고 효과적인 공개와 공유를 위해서는 일정한 틀에 맞추어 데이터를 정렬할 필요가 있다. 그래야 콘텐츠를 올리는 사람과 찾는 사람, 관리하는 사람 모두가 편리하기 때문이다. 개인이 제작한 동영상을 공개하고 공유하는 데에는 몇 가지 고려해야 할 사항들이 존재한다.

가. 메타데이터

공개와 공유를 위한 첫 번째 고려사항은 바로 메타데이터 작성이다. 메타데이터는 학습 객체들에 대한 간략한 정보를 담고 있는 데이터들을 관리하는 데이터로서(손경아, 2002), 본인이 만든 콘텐츠가 어떤 콘텐츠인지를 알려주는 일종의 '주민등록증'이라고 할 수 있다. 메타데이터에 들어가는 내용으로는 기본적으로 학습객체의 종류, 크기 등에 대한 정보를 비롯하여 학습객체를 사용할 대상, 메타데이터 검색을 위한 제목, 키워드 등이 있다. 메타데이터 작성은 생산자뿐만 아니라 사용자의 입장 모두에게 도움이 된다. 생산자의 입장에서는 메타데이터를 입력함으로써 학습 콘텐츠의 분류를 확실하게 하여 올리기와 찾는 것이 모두 편리하다. 사용자의 입장에서는 자신이 필요한 콘텐츠를 쉽게 찾아낼 수 있어 활용하기 쉬워진다. 최근에 볼 수 있는 페이스북이나 인스타그램의 해시태그 역시 메타데이터의 또 다른 모습이라 볼 수 있다.

메타데이터의 활용은 도서관에서 일련번호로 책을 찾거나 사이트에서 원하는 자료를 찾는 방법과 유사하다. 예를 들어, 중3 수학의 1학기

〈그림 8-3〉 메타데이터 예시

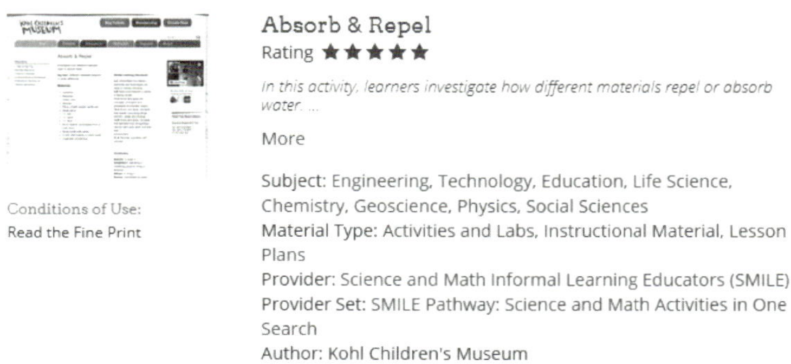

출처: OER Commons(https://www.oercommons.org/)

1단원에서 제곱근과 실수에 관한 학습 콘텐츠를 찾고 싶은데 메타데이터가 없다면 분류가 되어 있지 않아 여러 사람들이 올린 학습 콘텐츠를 일일이 다 확인해보아야 할 것이다. 그러나 메타데이터를 작성해 놓는다면, '수학–중3–1학기–1단원–제곱근과 실수'와 같은 순서로 금방 찾아낼 수 있다. <그림 8–3>은 메타데이터의 예시 중 하나로 OER Commons라는 사이트에 올라온 학습 콘텐츠이다. 학습 콘텐츠의 주제, 자료의 형태, 제공자 등을 작성하여 콘텐츠를 분류해주고 있다.

나. 4R

교수–학습 자료의 공개와 공유를 위한 두 번째 고려사항은 4R이다. 4R은 본인의 콘텐츠를 어디까지 공개하고 공유할 것인지를 결정하는 문제와 관련하여 재사용(Reuse), 재배포(Redistribute), 재가공(Revise), 편집(Remix)의 네 가지 단계를 일컫는 말이다(Hilton III & Wiley, 2009).

1. **재사용**(Reuse): 개방의 가장 기본적인 의미로 다른 사람들이 자신들의 목적을 위해 무료로 사용이 가능한 정도
2. **재배포**(Redistribute): 사람들이 서로 이메일이나 파일로 자료를 공유하는 것이 가능한 정도
3. **재가공**(Revise): 단순화나 번역, 형태의 변경이 가능한 정도(ex. 영어로 쓰여진 책을 스페인어의 오디오북으로 변형)
4. **Remix**(편집): 두 개 이상의 다른 자료를 결합하여 새로운 자료로 만드는 것이 가능한 정도

이 네 가지는 공개, 공유 범위 외에도 최근에는 콘텐츠의 복사본을 만들고, 소유하고, 통제할 수 있는 정도로서 '유지(Retain)'라는 R이 추가되어 5R이 등장하였다(Lumen, http://lumenlearning.com/). 자료의 공개는 저작권 문제와 밀접한 관련이 있으므로 다음 장을 더 자세히 참고하도록 한다.

3 맺음말

최근 교육계에 등장한 플립드 러닝, OER, MOOC이라는 세 가지 열풍은 교수자로 하여금 학습 콘텐츠를 제작하고 그것을 다른 사람들과 공개하고 공유하는 실험을 고민하게 만들었다.

그러나 이러한 흐름 속에서도 아직 많은 교수자들은 동영상을 제작하고 공개·공유하는 것에 대한 부담감과 어려움을 느낀다. 그러한 교수자들을 위해 이 장에서는 동영상 제작에 관한 내용과 더불어 공유와 공개에 있어서 고려해야 할 사항에 대해서 살펴보았다. 교육용 동영상은 학생들에게 좀 더 쉽고 부담없이 내용을 전달해주기 위한 도구이다. 완벽한 동영상 제작을 위해 화려한 제작 기술이나 절차에 연연하기보다는 전달하고자 하는 학습 내용과 학생들의 눈높이를 고려하는 것이 더 중요하다(SuBeom, 2017). 그리고 학생들에게는 자신의 선생님이 영상 속에 나온다는 것만으로도 충분한 관심의 요소가 될 수 있다.

참고 문헌

고민석(2015), Flipped Learning을 위해 제작한 과학 학습 동영상에서 초등예비교사들이 사용한 시각화 구성 전략 탐색-지구 영역을 중심으로-, **한국과학교육학회, 35(2)**, 231-245.

서영석 외 3명(2003), **「알기 쉬운 컨텐츠 개발방법론」**, 한국교육학술정보원.

손경아(2002), **학습객체 기반의 자원기반학습시스템 프로토타입 개발: 정보산업고등학교 프로그래밍 학습을 중심으로**, 한양대학교 대학원 교육공학과 박사학위논문.

한미경(2009), **초등학교 과학수업에서의 동영상자료 활용에 대한 교사와 학생들의 인식조사**, 한국교원대학교 교육대학원 석사학위논문.

한정선, 김영수, 주용주, 강명희, 조일현, 이정민 공저(2011), **「21세기 교사를 위한 교육방법 및 교육공학」**, 서울: 교육과학사.

Hilton, J., & Wiley, D.(2009). The creation and use of open educational resources in christian higher education, *Christian Higher Education, 9(1),* 49-59.

Margulies, A. (2005). " MIT Open courseware - A New Model for Open Sharing", *presented at the OpenEd Conference at Utah State University.*

SuBeom, K. (2017). *How Korean Language Arts Teachers Adopt and Adapt Open Educational Resources: A Study of Teachers' and Students' Perspectives, Internationl Review of Research in Open and Distributed Learning, 18(4),* 193-211.

참고 사이트

OER Commons(https://www.oercommons.org/)

Lumen(http://lumenlearning.com/)

가나수학전문학원(http://blog.naver.com/ganamath1)

미래교실네트워크(http://www.futureclass.net/index.do)

베가스 배움터(http://cafe.naver.com/vegas8090/)
에듀윌(http://studio.eduwill.net/)
티처빌(http://www.teacherville.co.kr/)
영상꼼수 놀이터(http://ferieo.blog.me/220456649454)

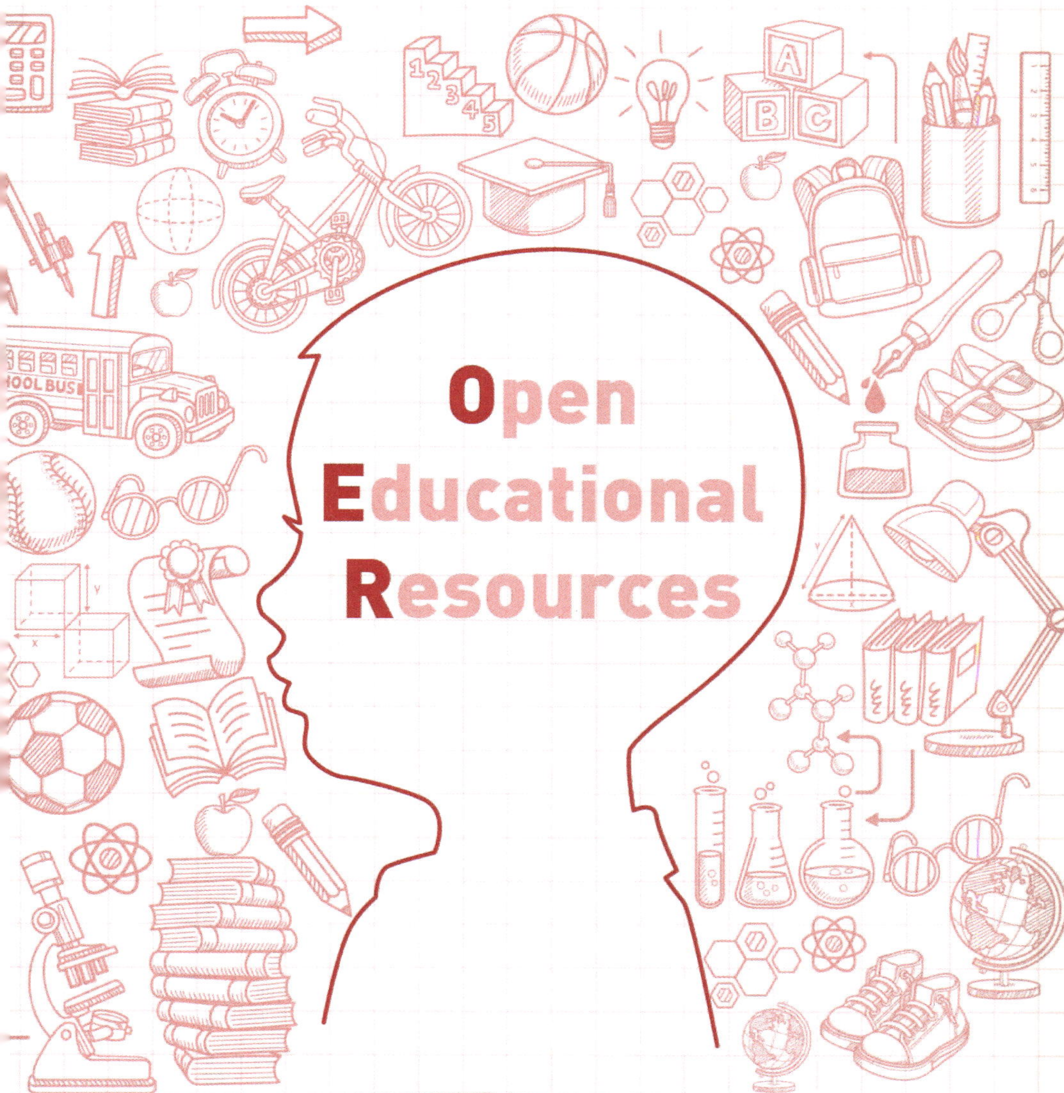

제9장

OER 관련 저작권 바로 알기

Open Educational Resources

제9장

OER 관련 저작권 바로 알기

장다솜

교수자가 수업에서 OER을 활용하는 방법에는 자신이 직접 자료를 제작하거나, 타인이 만든 OER을 빌려오는 두 가지 방법이 있을 수 있다. 인터넷을 통해 교사들이 서로 필요한 교육용 콘텐츠를 공유하고 협력하여 공동 작업하는 일이 빈번한 교육 2.0(김경숙, 2010)의 시대에는 후자의 경우가 더욱 빈번하게 발생한다. 이러한 경우에는 반드시 저작권 문제를 고려해야 한다. 전자의 경우에도 다른 사람의 사진이나 동영상 등을 사용한다면 저작권 문제를 회피할 수 없다. 그 행동이 아무리 '교육'이라는 명분을 가지더라도 다른 사람의 권리를 침해하는 것은 용납될 수 없기 때문이다. 이 장에서는 저작권의 개념, 관련 법률 그리고 OER 개발과 배포 시 대표적으로 활용되는 저작권 표기 방법인 CCL에 대해 살펴보고자 한다.

1 저작권에 대한 이해

OER 제작 및 활용에 있어 저작권을 위반하지 않기 위해서는 저작권의 개념에 대해서 먼저 이해할 필요가 있다. 다음에서는 저작권에 대한 일반적인 개념과 학교 현장에서의 저작물 이용과 관련된 법률과 사례에 대해 검토한다.

가. 저작권

'저작권'이란 저작자의 권리, 즉 저작물을 만든 사람의 권리를 말한다. 저작물은 '인간의 사상 또는 감정을 표현한 창작물'을 일컫는데(저작권법, 제2조 1항), 저작권법 제4조(저작물의 예시 등)에서는 어문저작물, 음악저작물, 연극저작물, 미술저작물, 건축저작물, 사진저작물, 영상저작물, 도형저작물, 컴퓨터 프로그램 저작물을 예시로 들고 있다. 다시 말해 저작권은 저작자가 자신의 저작물에 대해 독점적, 배타적으로 복제·배포·실연·방송할 수 있는 권리 혹은 타인에게 해당 권한을 허락하는 권리이다(김한성, 2003).

한국을 포함하여 대부분의 국가에서는 저작물을 창작한 때로부터 자동적으로 저작권이 발생한다는 '무방식주의'를 채택하고 있다. 저작권의 발생에 대해 무방식주의를 택한다는 것은 저작물을 창작한 이후에 별도의 표시가 없더라도 저작권이 보호된다는 것을 의미한다(이영록, 2009). 이와 반대 개념인 저작권의 발생에 대한 '방식주의'는 일정한 형식적 절차를 통해 저작물로 인정받은 것에 한하여 저작권이 보호된다는 개념이다. 예컨대, 저작물에 저작권(Copyright)을 뜻하는 ©표시를 하는 것이 방식주의이다.

저작권에 대한 무방식주의를 채택하고 있는 한국에서는 별도로 저작권 등록을 하지 않더라도 자동으로 저작권이 발생하지만 공식적인 절차를 거쳐 별도로 저작권을 등록하는 것 역시 가능하다. 여기서 저작권을 등록한다는 것은 저작물에 대하여 저작자 정보, 창작일자, 지적재산권의 변동에 대한 사항 등의 정보를 저작권등록부에 등재하는 것을 의미하는데, 이를 통해 법적 추정력과 대항력의 발생, 법정손해배상 청구 가능 등의 공식적인 권리를 가질 수 있다. 저작권 등록에 대한 신청 절차와 방법에 관해서는 한국저작권위원회 홈페이지(http://creativecommons.org/choose/)에 자세히 안내되어 있다.

결론적으로 모든 저작물에는 저작권이 있다. 따라서 타인의 저작물을 이용할 때는 저작물 이용에 대한 허락이 필요하다. 저작물에 대한 이용 허락을 받는 방법에는 크게 저작권자에게 직접 받는 방법, 대리중개업체나 신탁관리단체를 통하는 방법이 있다(이영록, 2009). 그러나 저작권자가 누구인지 알지 못하거나 행방을 찾을 수 없는 경우에는 이러한 방법들이 불가능하고 시간과 비용이 발생하기 때문에 개인 교수자가 사용하기에는 현실적으로 어려운 방법이다. 이러한 문제에 대한 대안으로써 저작권법 25조(학교교육 목적 등에의 이용)에서는 학교에서 수업 목적으로 사용되는 저작물에 한해 저작자의 권리를 제한하고 있다. 또한 최근에는 저작권자가 자신의 저작물의 허용 범위를 표기하여 다른 사람이 이용할 수 있도록 하는 CCL을 통해 저작권 문제에 접근하고 있다.

나. 교육목적 이용 저작권의 이해

교수－학습 방법의 다양화로 인해 학교 현장에서는 다양한 수업자료가 이용되고 있다. 교사가 자신의 수업에 필요한 자료를 100% 자신의 창작물로 구성한다면 저작권 문제는 발생하지 않는다. 하지만 시간과 비용의 제약으로 인하여 수업 자료를 제작할 때 타인이 제작한 사진 및 동영상 등의 저작물을 이용하는 경우가 허다하다. 이러한 경우 피할 수 없는 것이 저작권 문제이다.

그러나 저작권 문제에 번번이 부딪힌다면 교수자가 원하는 수업자료를 제작하는 것도 다른 사람의 수업 자료를 이용하는 것도 쉽지 않게 된다. 따라서 저작권으로 인해 교육 활동이 위축되지 않도록 학교교육의 공익성을 기준으로 저작물을 사용한 경우에 대해서는 저작권의 예외 사항으로 보고 있다(최진원 · 이종민, 2010). 이를 법적으로 보호하고자 저작권법 제25조(학교교육 목적 등에의 이용)를 둠으로써 저작권법에서 인정되는 교육기관에 한해 학교 교육 목적으로 저작물을 사용한 경우에 대해 저작권 예외 조항을 두고 있다.

저작권법 제25조에 해당하는 교육기관은 "특별법에 따라 설립되었거나 「유아교육법」, 「초·중등교육법」 또는 「고등교육법」에 따른 학교, 국가나 지방자치단체가 운영하는 교육기관 및 이들 교육기관의 수업을 지원하기 위하여 국가나 지방자치단체에 소속된 교육기관"이다(저작권법, 2013). 즉, 이에 해당하는 교육기관은 유아교육법에 의한 유치원 등, 초·중등교육법에 의한 초등학교, 공민학교, 중학교, 고등공민학교, 고등학교, 고등기술학교, 특수학교, 각종학교 등, 고등교육법에 의한 대학, 산업대학, 교육대학, 전문대학, 방송·통신 대학, 기술대학, 각종학교 등을 말한다.

또한 저작권법 제25조에서는 저작물의 이용 목적을 '수업목적'으로 한정하고 있다. 여기에서 수업은 교사의 교수행위를 뜻하는데 해석의 범위가 넓어 명확한 기준이 필요하다는 점에서 논란의 여지가 있었다. 이에 대해 2010년, 교육과학기술부에서는 저작권법 제25조에 나타난 '수업'의 범위에 대하여 문의하였고 이에 대하여 문화체육관광부는 수업을 '대면수업'으로 해석하여 다음과 같이 답변하였다.

〈표 9-1〉 수업목적의 의미

1. 대면수업의 의미: 저작권법 상 수업은 대면수업을 원칙으로 하고 있습니다. 여기서 대면이라 함은 교실 등 장소적 제한이 있는 대면이 아닌 교사 및 교사에 준하는 지위에 있는 자와 학생들 간의 대면을 의미합니다.
2. 교사들의 수업준비를 위한 각종 자료의 개발 및 공유 문제: 교사들이 수업을 위해 준비하는 과정(각종 수업자료의 개발, 작성)도 수업의 개념에 포함됩니다. 또한, 수업을 위해 관련 교사 간 자료를 공유하는 과정도 수업의 준비행위로 볼 수 있습니다. 다만, 공유는 과목 교사들 간의 한정된 범위 안에서 가능하며, 일반인들이 접근이 가능한 방식의 공유는 허용되지 않음을 유의해야 합니다.
3. 교사와 학생 간 수업 전후에 필요한 학습 자료의 복제, 배포, 전송 등의 다양한 수업가능 여부: 수업과 관련있는–수업진행과정에서 필요한 사전, 사

후 학습 등 – 학습자료의 복제, 배포, 저송은 수업의 일환으로 볼 수 있습니다. 다만, 수업과 관련없는 일반 학생들에게까지 자료를 배포, 전송하는 경우는 허용되지 않습니다.

4. 학교 교육과정에 따라 학교장의 지휘, 감독 하에 학교 안 또는 밖에서 이루어지는 '창의적 체험활동'과 학교장의 지휘, 감독하에 이루어지는 '방과후학교'의 수업 포함 여부: '창의적 체험활동'과 '방과후학교'는 학교장의 감독 하에 교사 및 교사에 준하는 지위에 있는 사람에 의해 수행되는 것이며, 수업의 범위에 포함된다고 할 것입니다.

5. 앞으로 법률 개정 시 '수업의 정의 등' 반영 여부: 문화부는 수업 및 수업지원의 범위와 관련하여 차기 법률 개정 시 관련 정의 규정을 신설하여 그 범위를 명확히 할 예정이라고 합니다.

출처: 한국교육학술정보원(2013).

다. 저작권 사례

저작권법에 대하여 잘 알고 있다 하더라도 타인의 저작물을 이용하거나 교육자료를 제작하여 공개하는 데 있어 어떠한 행위가 과연 저작권 위반인가라는 의문이 드는 상황이 발생할 수 있다. 아래에서는 교사가 OER을 제작하고 활용하는 데 있어 저작권을 고민하게 되는 대표적인 상황들과 그에 대한 답을 제시하고자 한다. 아래 상황들은 한국교육학술정보원(2010)에서 발간한 '이야기 쏙 학교저작권'에서 일부 발췌하였다.

상황 1 저작권자를 찾을 수 없는 경우는 어떻게 해야 하나요?

OER을 제작하는 데 있어 타인의 문서, 그림, 사진, 동영상 등을 이용해야 할 때 당연히 해당 저작자의 허락을 받고 이를 밝혀 사용해야 한다. 그러나 저작권자가 누군지 표시되어 있지 않아 허락을 구할 수 없는 상황이 존재할 수 있다. 이러한 상황에 대하여 '이야기 쏙 학교저작권'에서는 다음과 같이 설명하고 있다.

> 저작권자를 알 수 없는 저작물을 '저작재산권자 불명 저작물'이라고 하며, 이 저작물을 이용하기 위해서는 법정 허락제도를 활용하여야 한다. 법정허락제도란 저작재산권자 불명 저작물에 대해 문화체육관광부장이 정하는 보상금을 공탁하여 승인을 얻는 방법을 말한다. 이 법정 허락제도를 사용하기 위해서는 1) 저작권자를 찾으려는 상당한 노력을 기울여야 하며, 2) 내국인의 공표된 저작물이어야 하며, 3) 문화체육관광부가 정하는 보상금을 공탁해야 하며, 4) 승인된 범위 내에서 이용해야 한다는 세부규정들을 엄수해야 한다(한국교육학술정보원, 2010: 156-158).

즉, 저작물의 이용에 대해 저작권자를 찾을 수 없는 상황에도 법정 허락 제도를 통하여 해당 저작물의 사용에 대한 승인을 받아야 한다. 이 법정 허락 제도의 경우 공표된 저작물의 이용에만 허락되며 공표여부를 알 수 없거나 공표되지 않은 저작물과 불법 저작물에 대해서는 성립되지 않는다(김홍래 외, 2012a).

상황 2 OER에 학생들이 만든 자료를 포함하는 경우에도 허락을 받아야 하나요?

학생들이 직접 제작한 시, 그림, 동영상 등을 OER에 포함시키고자 하는 경우가 있다. 비록 해당 작품의 수준이 낮다 하더라도 반드시 학생들의 허락을 받아야만 사용이 가능하다. 관행적으로 교사가 학생의 작품을 이용하는 경우, 허락없이 사용하는 경우가 많다. 그러나 법적 측면에서 볼 때 이는 엄연한 저작권법 위반이다. 학생들의 작품 역시 저작권이 보호되는 저작물로 인정되기 때문이다. 즉, 학생의 작품이 학생의 사상과 감정을 창작적으로 표현한 결과물이라는 것이다.

우리 나라는 별도의 절차나 표시 없이 저작권이 발생하고 보호되는 무정부주의를 채택하고 있다. 이에 따라 학생의 작품도 학생이 해당 작품을 창작하여 발표한 순간에 저작권이 발생한다. 따라서 학생들의 작품을 사용하는 경우 저작권법 위반을 피하기 위해서는 학생과 학생의 법정대리인인 학부모나 후견인의 이용 동의를 받아 사용하는 것이 좋다(한국교육학술정보원, 2010: 42-45).

상황 3 다른 사람이 만든 OER, 공유해도 되나요?

학생들의 복습을 위해서 수업에 사용했던 수업 자료를 재배포해야 하는 상황이 있을 수 있다(한국교육학술정보원, 2010: 98-101). 이러한 상황에서 만약 다른 사람이 만든 OER을 빌려와 썼다면 이를 다시 공유하는 상황에서도 저작권 문제가 발생한다. 재배포 행위 역시 수업목적에 국한된다면 저작권 위반이 아니다. 저작권법에 따르면 수업 목적으로 이용하는 행위는 복제와 전송을 포함하기 때문에 수업목적이라면 해당 OER을 홈페이지를 통해 공유해도 저작권 위반이 아니다.

그러나 이 경우 저작권법 제25조 10항[2]에 의해 반드시 '접근제한조치'와 '복제방지조치', '경고문구 표시'가 이루어져야 한다. 일련의 회원 인증 절차를 도입해 수업 대상 학생만 해당 자료에 접근할 수 있도록 접근제한조치를 해야 하며, 해당 자료에 오른쪽 버튼 사용 제한, 키보드 복사 단축키 사용 제한 등의 기술적 조치를 통해 복제 방지 조치를 해야 한다. 마지막으로, 학생들에게 해당 자료를 공유하거나 복제하지 않도록 경고성 안내와 저작권의 중요성을 설명해주는 예방 조치를 취해야 한다.

요약하자면, 다른 사람의 OER을 공유하는 데 있어 수업 목적에 한해서만 저작권 예외이며 이 경우에도 추후 문제가 발생하지 않도록 접

2) 저작권법 제25조 10항 "제2항의 규정에 따라 교육기관이 전송을 하는 경우에는 저작권 그 밖에 이 법에 의하여 보호되는 권리의 침해를 방지하기 위하여 복제방지조치 등 대통령령이 정하는 필요한 조치를 하여야 한다."

근 제한 조치, 복제 방지 조치, 경고 문구 표시 등의 조치를 취한 후에 공유할 수 있도록 해야 한다.

2 Creative Commons Licenses(CCL)

저작권자 중에는 자신의 저작물에 대하여 지적 재산권을 전적으로 주장하기보다는 자신이 생각하는 저작권 보호의 선만 지키면 누구나 자유롭게 이용할 수 있도록 '공개' 혹은 '공유'를 허용하는 사람도 있을 것이다. 저작권자가 생각하는 저작권 보호의 선을 규정함으로써 저작물의 공유를 지향하는 대표적인 시스템이 바로 Creative Commons Licenses, 즉 CCL이다. 아래에서는 CCL의 개념과 종류를 살펴보고 OER의 제작과 활용에 있어 저작권 문제의 소지에 대한 대안으로써 CCL 활용을 검토하고자 한다.

OER이 비록 학교 교육 목적으로 사용된다 하더라도 사용 범위, 정도 등에 따라 저작권을 침해할 소지는 얼마든지 있다. 특히 국가별 혹은 지역별(연방국가의 경우) 저작권법이 상이하기 때문에 온라인상에서 국가, 지역에 관계 없이 공유되는 성격을 지니고 있는 OER의 경우 제작과 활용에 있어 저작권을 침해하기 쉽다. 이를 방지하기 위하여 범세계적으로 확산되고 있는 것이 바로 CCL이다.

CCL은 '많은 인터넷 사용자들이 자신의 저작물과 이 저작물의 재사용, 변형, 배포에 대한 권리를 공유하기를 원한다'라는 철학을 가지고 있는 비영리기관인 Creative Commons(이하 CC)에 의해 창안된 오픈 라이선스이다(Bissell, 2009). CC에서는 "All rights reserved(전통적 저작권 개념)"와 "No rights reserved(공공영역의 개념)" 사이에 있는 "Some rights reserved"를 표방하고 있는데(Gordon-Murnane, 2010) 이러한 기조 아래 탄생한 CCL은 원칙적으로 저작물에 대한 이용자의 자유로운 이용을 허용하지만 저작권자의 의사에 따라 일정 범위의 제한을 가하는 방식을 취하고 있다(손경아, 2013).

CCL은 온라인 오픈 라이선스 중 하나이지만 가장 많은 국가에서 보편적으로 사용되고 있다는 점에서 주목할 만하다. CCL의 가장 최근 버전은 2013년 11월에 발표된 CCL 4.0이다. CCL 4.0은 글로벌화와 다양한 언어로의 번역, 사용될 국가의 법률과의 조화에 초점을 맞추어 개정되었으며(Ivanova, Grosseck & Holotescu, 2014), 어느 나라에서든지 CCL 4.0을 이용할 수 있다. 한국판 CCL은 2015년 현재 2.0 버전이 공개되어 있으며 CCL 4.0과 호환이 가능하다. CCL은 다음과 같은 4가지 이용 허락 조건을 규정하고 있다.

〈표 9-2〉 CCL 이용허락조건

이용허락조건	그림 표시	내용
Attribution (저작권표시)		저작권자를 반드시 표시해 사용해야 함 CC 라이선스의 필수조항
Share Alike (동일조건 변경허락)		2차적 저작물 작성을 허용하되, 2차적 저작물에 원 저작물과 동일한 라이선스를 적용해야 함
Non-Commercial (비영리)		해당 자료의 이용은 비영리목적에 대하여 허락 없이 사용 가능함 영리목적의 이용을 위해서는, 별개의 계약이 요구됨
No Derivative Works (2차 변경 금지)		저작물의 내용, 형식을 변경하거나 저작물을 이용한 2차적 저작물 작성을 금지함

출처: CC코리아 홈페이지(http://cckorea.org/xe/ccl)의 내용 수정.

또한 CCL은 위의 4가지 요소를 조합하여 다음의 6가지 라이선스 유형을 규정하고 있다. <표 9-3>의 라이선스 유형을 살펴보면 아래 칸으로 내려갈수록 제약 조건이 강화된다. CCL을 적용하기를 원하는 저작자는 <표 9−3>의 6개 유형 중 본인이 원하는 유형을 선택하여 저작물에 적용하면 된다. 이용자는 이용하려는 저작물에 대해 별도의 이용 허락 절차 없이 적용된 CCL의 유형을 확인한 후 조건에 맞게 이용하면 된다.

〈표 9-3〉 CCL 이용허락조건

라이선스 유형 (문자표기)	그림 표시	이용조건
저작권 표시 (BY)		저작자의 이름, 저작물의 제목, 출처 등 저작자에 관한 정보를 표시해주어야 함
저작권표시-비영리 (BY-NC)		자유로운 이용이 가능하지만 영리목적으로 이용할 수 없음
저작권표시-2차 변경금지 (BY-ND)		저작자에 대해 밝히면 자유로운 이용이 가능하지만 변경 없이 그대로 이용해야 함
저작권표시-동일조건 변경허락 (BY-SA)		저작자를 밝히면 자유로운 이용이 가능하고 저작물의 변경도 가능하나 2차적 저작물에는 원 저작물에 적용된 것과 동일한 CC라이선스를 적용해야 함
저작권표시-비영리-2차 변경금지 (BY-NC-ND)		저작자를 밝히면 이용 가능하며 저작물의 변경도 가능함. 그러나 영리 목적으로 사용할 수 없고 2차적 저작물에는 원 저작물과 동일한 라이선스를 적용해야 함
저작권표시-비영리-동일조건변경허락 (BY-NC-SA)		자유로운 이용이 가능하지만 영리적인 목적으로는 이용할 수 없고 변경이 불가능함

출처: CC코리아 홈페이지(http://cckorea.org/xe/ccl)의 내용 수정.

3 OER 제작 · 활용 시 CCL 활용하기

OER을 제작하고 이용하는 데 있어 고려해야 할 저작권 문제는 타인의 저작권을 침해할 우려가 있는 상황과 나의 저작권을 보호하고자 하는 두가지 상황에서 발생한다. 전자는 타인이 만들고 공유한 OER을 사용하거나 내가 제작한 OER에 타인의 저작물이 포함되는 경우이며, 후자는 내가 제작한 OER에 대한 저작권을 보호해야 하는 경우에 해당된다.

저작권 발생의 무방식주의를 채택하는 우리나라의 경우 내가 OER의 제작을 완료한 순간 나의 OER에 대한 저작권이 발생한다. 물론 더욱 더 법적으로 보호받고 싶다면 위에서 언급한 저작권 등록을 하면 된다. 그러나 OER의 'Open'이라는 속성에 따라 다른 사람에게 공개하고 자유롭게 이용할 수 있도록 하기 위해서는 나의 저작물에 대해 보호받고 싶은 최소한의 권리를 지정한 후 이를 침범하지 않는 선에서 자유롭게 이용할 수 있도록 허용할 필요가 있다. 아래에서는 교수자가 자신의 OER에 CCL을 적용하는 방법에 대하여 설명하고자 한다.

OER을 제작하는 데 있어 타인의 사진이나 그림, 동영상 등의 저작물이 포함되어야 한다면 그 사람의 해당 저작물에 대한 저작권을 위반하지 않는지 고려해야 한다. 이는 타인이 만들고 공유한 OER을 사용하는 경우에도 마찬가지이다. 아래에서는 저작권 위반을 피하는 방법에 대해 살펴본다.

가. 나의 저작권 보호하기: CCL 적용하기

OER의 기본 속성인 Open은 내가 제작한 자료를 타인이 자유롭게 이용하도록 공개하는 것을 의미한다. 여기에서는 나의 저작물에 대한 타인의 자유로운 이용을 허용하는 방안으로써 CCL을 적용해 보고자 한다. CCL의 경우 크리에이티브 커먼즈 코리아(http://cckorea.org; 이하 CC코리아)를 통해 한국어로 2.0버전까지 출시되어 있는데 홈페이지에서 로고 그림이나 HTML코드를 다운 받아 쉽게 적용 가능하다는 점에서 활용도가 높다. 나의 저작물에 CCL을 적용하는 절차는 다음과 같다.

〈그림 9-1〉 CCL 적용 절차

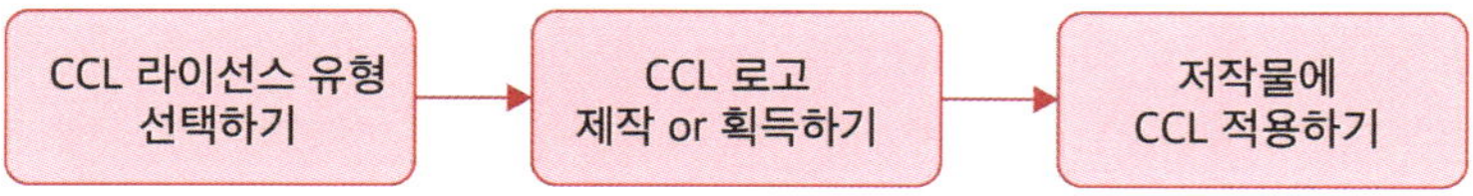

나의 저작물에 CCL 라이선스를 적용하는 절차의 첫 번째는 사용하고자 하는 CCL의 라이선스 유형을 선택하는 것이다. 이 단계는 기술적인 부분인 나머지 두 단계와 달리 자신의 저작물에 대한 정의와 공개 정도에 대한 충분한 고려가 이루어져야 한다는 점에서 가장 중요한 단계라고 볼 수 있다. 이 단계는 앞서 제시한 CCL 라이선스 6가지 유형 가운데 적용하고자 하는 CCL 라이선스 유형을 선택하는 과정이다. 즉, 나의 저작물에 대하여 어느 정도의 권리를 주장하고자 하는지 그리고 타인의 저작물 이용에 대해 어느 정도 허용할 것인지를 결정하는 단계이다.

CC코리아에서는 저작물에 CCL을 적용하기 전에 고려할 사항으로 다음의 세 가지를 언급하고 있다.

- 나의 창작물이 저작물인가?
- 해당 저작물에 대해 나에게 적법한 권한이 있는가?
- CCL이 적용되는 범위는 어디까지인가?

위의 세 가지 고려사항에 대한 명확한 답이 내려졌다면 어떤 유형의 CCL라이선스를 적용할 것인가에 대한 결정이 필요하다. 본인의 저작물 사용 목적에 대해 영리 목적을 허용할 것인지 혹은 비영리 목적에 한정할 것인지(영리목적 허용 여부), 콘텐츠의 원본 그대로 사용하는 것만을 허용할 것인지 혹은 원본 콘텐츠를 토대로 변형하여 사용하는 것을 허용할 것인지(2차 변경 허용 여부), 2차적 저작물[3]의 CCL 적용에 대하여 원본의 CCL 라이선스 유형 그대로 하게 할 것인지, 제한을 두지 않을 것인지에 대하여 충분히 고려한 후 결정해야 한다.

적용할 CCL 라이선스의 유형을 결정했다면 이 라이선스 유형에 해당하는 CCL 그림 로고를 찾아야 한다. 이는 저작물의 유형에 따라 달라진다. 먼저 웹사이트 혹은 블로그 등의 게시글에 적용하고자 하는 경우, HTML 코드를 생성하여 적용하는 방식을 이용하면 된다. 이는 CCL 코리아 홈페이지 CCL라이선스 페이지(http://cckorea.org/xe/ccl) 하단에서 'CCL적용하기' 버튼을 눌러 라이선스 생성기(http://creativecommons.org/choose/)에 접속하여 손쉽게 제작할 수 있다. CC코리아의 라이선스 생성기는 저작권자가 라이선스 유형 선택 시 고려해야 했던 질문들에 대한 답을 선택하면 이에 맞는 라이선스 로고와 문구를 HTML방식으로 생성해 주는 기능을 한다.

예를 들어, <그림 9-2>는 저작자의 정보만 표시하면 영리 목적의 이용을 허락하고 저작물의 변경을 허락하는(BY) 라이선스 유형의 로고를 제작하는 방법을 보여준다.

3) 저작권법 제5조(2차적 저작물)에 의하면 2차적 저작물이란 원저작물을 번역·편곡·변형·각색·영상제작 그 밖의 방법으로 작성한 창작물을 말한다.

〈그림 9-2〉 CCL라이선스 유형 로고 제작화면

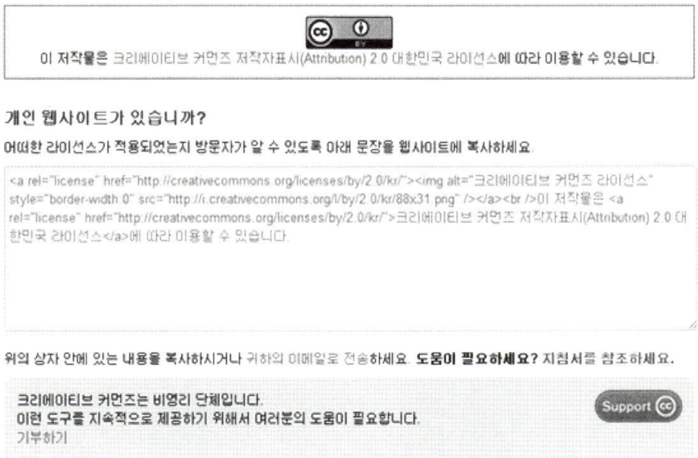

출처: CC코리아(http://www.cckorea.org/xe/condition2).

만약 저작물의 유형이 그림이나 동영상, 인쇄본이라면 CC코리아 홈페이지 CCL 적용하기 페이지에서 저작물의 유형에 따라 로고를 다운 받아 적용할 수 있다. 또한 MS오피스나 한글문서 형태라면 해당 소프트웨어에 내장된 CCL 적용 기능을 이용하면 된다.

마지막 단계는 이를 해당 저작물에 적용하는 단계이다. 저작물의 유형이 HTML 방식의 로고를 적용할 수 있는 웹사이트이거나 게시글 등의 유형이라면 위에서 생성된 HTML 코드를 삽입하기만 하면 자동으로 양식에 맞게 적용된다. 하지만 자료가 그림, 동영상, 인쇄본이라면 각 유형에 따라 CCL을 적용하는 방법이 달라진다. 적용하는 방법은 각 저작물의 유형에 해당하는 CCL 로고 유형을 다운로드 페이지(http://cckorea.org/xe/condition)에서 다운 받은 후 각 유형에 맞춰 다음 그림과 같이 적용하면 된다.

〈그림 9-3〉 사진, 이미지 저작물에 대한 CCL 적용 예시

〈그림 9-4〉 동영상 저작물에 대한 CCL 적용 예시

이 저작물은 크레이이티브 커먼스 코리아 저작자표시,
비영리 2.0(http://creativecommons.org/licenses/by-sa/2.0/kr/)
라이선스에 의하여 이용하실 수 있습니다.

〈그림 9-5〉 인쇄본 저작물에 대한 CCL 적용 예시

출처: CC코리아(http://cckorea.org/xe/conditon).

나. 타인의 저작권 보호하기

또 한편으로는 OER을 제작하기 위해 다른 사람이 제작한 자료를 사용하거나 원본을 이용하는 경우 자신이 타인의 저작권을 침해하지 않는지에 대해서도 생각해보아야 한다. 저작물 이용의 공정 이용을 위하여 김홍래와 변용완(2012b)은 <그림 9-6>과 같이 학교에서의 저작물 이용절차를 제시하고 있다.

<그림 9-6>의 절차에서 자유 이용이 불가능하다고 판정된 경우 저작권자를 찾아 허락을 받거나 애초에 저작권자의 이용 승인이 되어 있는 저작물을 이용하는 방법으로 저작권 위반을 피할 수 있다.

먼저 저작권자를 찾아 이용 허락을 받는 경우는 저작권자가 밝혀져 있으면 직접 혹은 중개업체 등을 통하여 허락을 받을 수 있다. 이 경우 시간과 비용이 소요되지만 비교적 간단하게 이용 허락을 받을 수 있다. 그러나 이는 저작권자가 명시되어 있지 않아 찾기 힘든 경우에는 불가능한 방법이다. 이러한 경우 법정허락제도를 통해 이용 허락을 받을 수 있으나 절차 및 이용조건이 상당히 까다롭다. 법정허락제도에 대해서

〈그림 9-6〉 학교 및 교육기관의 수업목적 저작물 이용 절차도

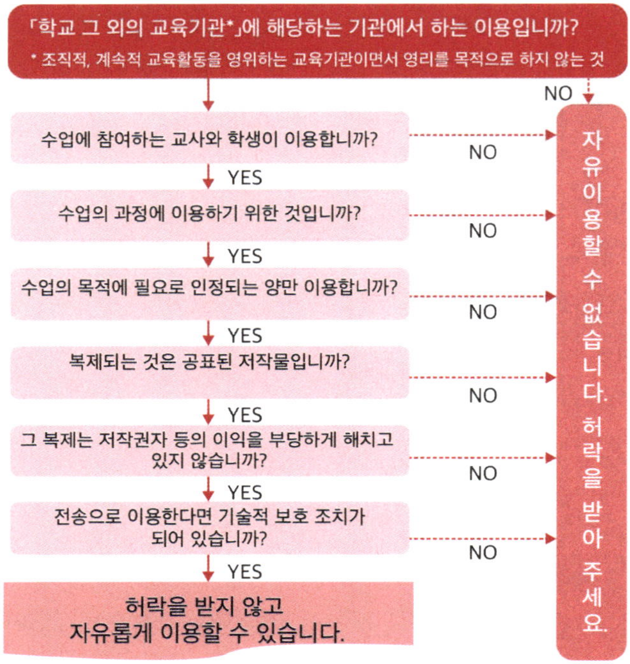

출처: 김홍래, 변용완(2012b).

는 앞의 '저작권 관련 실무사례'의 상황 2에서 자세히 설명하고 있다.

저작권자의 이용 승인이 되어 있는 저작물을 이용하는 방법은 자유이용이 가능하도록 기증된 저작물을 이용하거나 저작권이 만료된 저작물을 이용하는 것이다. 저작권이 만료되거나 기증된 저작물은 한국저작권위원회에서 운영하고 있는 '자유이용사이트(http://freeuse.copyright.or.kr)'에서 쉽게 확인할 수 있다. 자유이용사이트에서는 자유이용이 가능한 저작물을 수집하여 이를 조건없이 이용할 수 있도록 제공하고 있다.

또 하나의 방법은 CCL 라이선스가 표기된 저작물을 이용하는 것이다. 자신의 저작물을 자유롭게 공유하려는 사람들은 자신의 저작물에 원하는 CCL 라이선스를 표기함으로써 저작물에 대한 타인의 이용을

허락하고 있다. CCL 라이선스가 표기된 저작물의 경우, 라이선스의 이용 조건을 지키는 범위 내에서 자유롭게 사용 가능하다.

온라인상에서 자신의 저작물을 공유하려는 움직임이 확대되고 있는 상황에서, 기존에 보유하고 있던 콘텐츠에 대해 CCL 라이선스를 적용하는 사이트가 늘어나고 있으며, CCL 라이선스를 통해 이용을 허용하고 있는 저작물들을 검색할 수 있는 사이트도 생겨나고 있다.

CC코리아의 활동가들이 만든 Let's CC(http://letscc.net)에서는 CCL이 붙은 콘텐츠를 원하는 조건에 따라 검색할 수 있다. 또한 CC코리아 홈페이지의 CCL 콘텐츠 페이지(http://cckorea.org/xe/case)에서도 CCL에 의해 이용이 허락된 저작물들을 쉽게 검색할 수 있다. 또한 학술정보서비스(RISS)와 TED(http://www.ted.com/)에서는 보유 콘텐츠에 대해 CCL라이선스를 부착함으로써 별도의 이용 절차 없이 이용자들의 이용을 허락하고 있다. 이렇게 CCL라이선스가 표기된 저작물의 이용은 저작자를 찾아 이용 허락을 받는 절차를 피할 수 있어 간편하고 활용도가 높다. 이 경우 CCL 라이선스의 해석을 참고하여 원작자가 설정한 이용 조건을 준수하는 범위 내에서 저작물을 이용하면 된다.

4 맺음말

OER의 제작과 활용이 공정하게 이루어지기 위해서는 제작자와 이용자 모두 저작권에 대해 이해하고 관심을 가질 필요가 있다. 아무리 좋은 수업자료를 사용하여 좋은 내용을 제공한다 하더라도 타인의 저작권을 침해하거나 적법하지 않게 사용한다면 결코 좋은 수업이 될 수 없기 때문이다.

이 장에서는 저작권에 대한 기초적인 이해를 통해 공정하게 OER을 제작하고 활용하는 데 필요한 기본적인 정보들을 제시하였다. 그러나 저작권법의 해석과 OER 제작 시 발생할 수 있는 저작권 문제들의 다양성으로 인하여 모든 사례와 해결 방안을 포괄하지는 못하였다. OER 저작권과 관련된 보다 복잡한 쟁점에 대해서는 '한국저작권위원회'나 '크리에이티브 커먼즈 코리아(CC코리아)' 등의 관련 홈페이지에 포함된 Q&A 서비스를 참조하기 바란다.

참고 문헌

김경숙(2010). 교육2.0의 실현을 위한 저작권문제의 극복: 대학에서의 공개교육자료(OER)의 작성과 이용의 측면에서. **한국경영법률학회**, Vol. 21(1).

김홍래, 변용완(2012a). **교육목적 저작물 이용 가이드라인 연구**. 한국교육학술정보원.

김홍래, 변용완(2012b). **스마트시대, 스마트한 선생님을 위한 교육목적 저작물 이용 가이드라인(안)**. 교육과학기술부, 한국교육학술정보원.

김한성(2003). **저작물의 교육목적 이용에 관한 연구**. 연세대학교 법무대학원 저작권과, 석사학위 논문.

손경아(2013). **블렌디드러닝 허브대학 OER 서비스의 발전 전략 수립**. 정책과정, Vol. 12.

이영록(2009). **출판과 저작권**. 한국저작권위원회.

최진원, 이종민(2010). **각 국의 교육기관에서의 저작물 이용 제도 비교 수업목적 저작물 이용을 중심으로**. 한국복사 전송권 협회.

한국교육학술정보원(2010). **쉽게 익히는 이야기 쏙 학교 저작권**. 한국교육학술 정보원, 한국저작권위원회.

한국교육학술정보원(2013). **쉽게 익히는 이야기 쏙 학교 저작권(1차 개정판)**. 한국교육학술 정보원, 한국저작권위원회.

Ahrash N. Bissell(2009). Permission granted: open licensing for educational resources. *Open Learning: The Journal of Open, Distance and e-Learning. 24(1)* : 97-106.

Ivanova, M., Grosseck, G., & Holotescu, C. (2014). OPEN EDUCATIONAL RESOURCES-HOW OPEN THEY ARE?. *In The International Scientific Conference eLearning and Software for Education. Vol. 4* : 255-260. "Carol I" National Defence University.

Laura Gordon-Murnane(2010). Creative Commons:copyright Tools for the 21st Century. Online, jan/feb : 18-21.

참고 사이트

Creative Commons Korea(http://cckorea.org)
한국저작권위원회(http://www.copyright.or.kr/)
한국저작권위원회 원격교육연수원(http://www.edu-copyright.or.kr)
저작권위원회 자유이용(http://freeuse.copyright.or.kr)

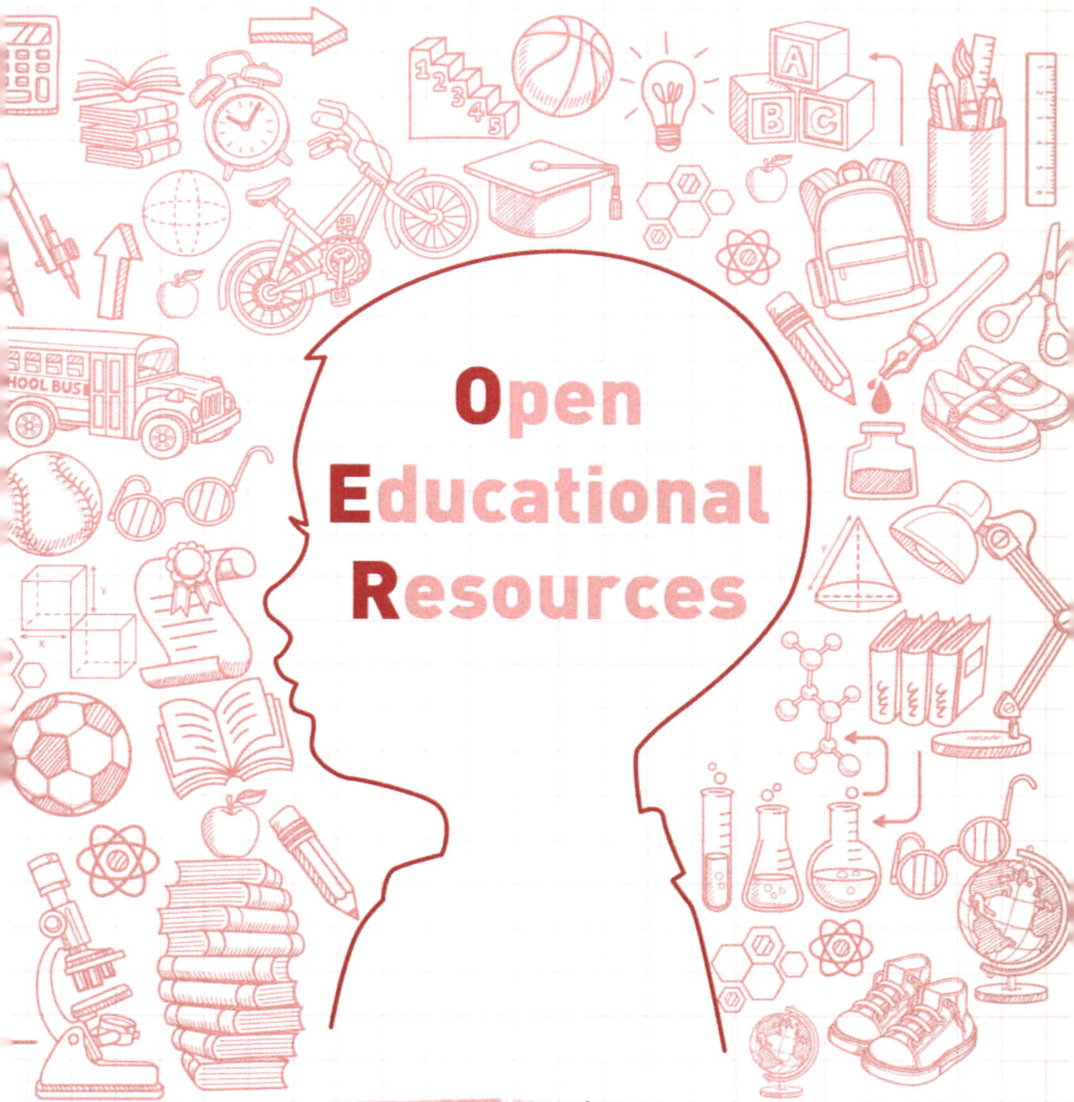

제10장

OER 질관리에 대한 탐색

Open Educational Resources

제10장

OER 질관리에 대한 탐색

전명운

원격교육의 질을 개선하고 관리하기 위해서는 우선 교육의 질이 무엇인가를 확인할 필요가 있다. 교육의 질을 무엇이라고 보는가에 따라 그것을 평가하는 방법과 그것을 향상시키고 관리하려는 이후의 실천이 달라질 수 있기 때문이다(홍순정, 김제웅, 엄태동, 1997; Barnett, 1994).

1 서론

가. OER과 품질

양질의 교육자원 공개는 세계 각국에서 OER 운동이라는 이름으로도 확산되고 있다. OER 운동의 주된 목적은 교육자료 공개 범위를 확장하고 사용에 제한을 없애는 데 있다. 공개된 교육자원은 궁극적으로 전 세계 인구가 이용할 수 있게 된다(Paul, 2005). OER 운동의 핵심은 접근이 불가능했던 다양하고 유용한 디지털 자원 형태인 OER이 가장 융통성이 있는 최신의 자료들로 공개된다는 것이다. 이는 궁극적으로 교육자원을 다양한 관점에서 활용하게 하여 교수－학습의 질을 높이는 데 기여하게 된다.

나. 질관리의 필요성

공개교육자원은 무료 그리고 공개라는 특성으로 인하여 근본적인 쟁점을 갖고 있다. 첫째, 교육자료를 무료로 공개하는 것이기 때문에 나중에 운영비를 어떻게 충당할 것인가가 가장 큰 문제가 된다. 둘째, 지적인 작업을 통해 얻어진 결과물을 공개하는 것이기 때문에 저작권이 매우 중요한 쟁점이 된다. 저작권의 경우 '자료를 제공하는 사람의 권리를 어떻게 보호할 것인지', 더불어 '공개교육자원에 포함된 저작권으로 보호되는 자료를 어떻게 처리할 것인지'에 관한 문제 등이 얽혀있다. 셋째, 질관리 문제이다(박인우, 2010). 무료로 제공되는 공개교육자료들은 특정 대상이 정해져 있는 상품으로서의 자료가 아니기 때문에 그 품질을 보장하기가 어렵다. 단기간 내의 양적인 성장은 예상이 가능하지만 그에 상응하는 질적인 성장을 기대하기는 어려운 것이 사실이다. 이러한 이유로 공개교육자원의 활성화를 위해서는 질 높은 콘텐츠의 선별 및 꾸준한 질관리가 필수적이라는 논의가 이미 MIT OCW를 비롯한 해외 OCW 사례에서부터 강조되어 왔으며 최근 MOOC이 활성화 되면서 질관리의 중요성이 더욱 커지고 있다.

2 질관리

가. 품질의 의미

품질을 좁은 의미로 해석하면 개발자의 입장으로 국한할 수 있고 개발자가 생각하는 품질의 개념은 소프트웨어가 사용자의 요구를 만족시키느냐 못 시키느냐를 뜻한다. 즉, 요구를 만족시키지 못한 것 또는 요구가 아닌 것은 모두 결함이라고 할 수 있고 결함이 없는 소프트웨어가 품질 좋은 소프트웨어라 할 수 있다. 즉, 품질(Quality)이란 특정 제품에 대한 전체적인 평가로 태도와 유사한 개념이라고 할 수 있다. 따라서 혹자는 제품 소비 전의 기대와 제품 소비 이후의 평가 차이로 인해 발생하는 사용자 갈등(Olshavsky & Miller, 1972)이라고 하였고, 또 다른 이들은 사용자의 기대를 충족 또는 초과시키는 것이라고 정의하기도 한다(Kano, Seraku, Takahashi와 Tsuji, 1984). 또한 Deming(1988)은 '총체적 품질본위 경영(Total Quality Management, 이하 TQM)'을 통해서 비용 절감과 생산성 향상, 시장 점유율 확대의 원동력이 품질이라고 정의 내렸다. TQM이 고객의 요구를 계속적으로 충족시키면서 품질을 지속적으로 개선하기 위해서 조직을 포괄적이고 통합적으로 관리할 필요가 있다.

이를 교육의 측면에서 보면 교수자 중심의 교육에서 학습자 중심의 교육, 즉 전통적인 교육방식에서 학습자 중심적 사고의 중요성을 강조함으로써 학습자 개개인의 기대와 요구를 충족시켜 줄 수 있는 교육의 질이 확보되어야 한다고 할 수 있다(강인애, 1997). 특히, 이러닝에서는 학습자에게 학습통제권이 상대적으로 많이 주어지기 때문에 교육의 질적 효과를 증진시키기 위해서는 공급자와 수요자가 모두 신뢰할 수 있는 품질 관리 기준을 마련할 필요가 있다.

나. OER 품질관리

품질관리(Quality Assurance)란 흔히 '질관리'라 하며 주로 산업분야에서 소비자의 만족을 얻을 수 있는 유용한 제품을 만들기 위해 계획을 세우고 그것을 달성하기 위한 총체적 활동을 의미했다. 하지만 교육시장이 세계화, 기업화되면서 교육기관이나 프로그램이 경쟁력을 확보하기 위해 이 용어가 교육분야에 적용되기 시작하였으며 많은 유사 개념들이 혼용되어 사용되고 있다(김광수, 2015).

김재웅 · 강태중 · 한숭희 · 엄태동(2000)은 질관리가 교육기관이 제시한 품질관리 기준을 바탕으로 기관의 정책, 시스템, 체제 등이 교육의 질을 향상하게 하는 정도를 확인하는 평가와 이를 기반으로 개선을 위한 방법적인 측면의 활동과 노력을 포함하는 과정(프로세스)을 포함한다고 하였다. 즉, 교육의 질을 무엇으로 보느냐에 따라 평가방법과 그것을 향상시키고 관리하려는 실천에 영향을 미치며, 그 의미는 점차 학습자의 기대와 요구에 의해 달리 규정되고 있다는 것이다.

OER에서 품질관리가 필요한 이유는 결과물에 대한 질적 검증뿐만 아니라 결과물을 생산하는 과정 속에서 품질을 보장하기 위한 표준화된 절차를 수립하고 결과물들이 사전에 설정한 품질 표준에 부합하는지에 대한 검증을 지속적으로 수행해야 하기 때문이다(이동주 · 임철일 · 임정훈, 2009). 따라서 OER 관련 OCW, MOOC 운영 기관에서의 품질관리(Quality Assurance)는 교육의 질을 향상시키기 위한 상세한 기준을 제시하고, 운용 기관이 가진 정책이나 플랫폼에서 교육의 질을 실제로 향상시키는지를 확인하는 평가와 개선을 위한 활동과 노력까지를 포함하는 과정이다(김재웅 · 강태중 · 한숭희 · 엄태동, 2000). 이것은 교육기관에서의 품질관리가 단순히 평가체계를 의미하거나 잘못된 사항을 점검하는 것뿐만 아니라 학습의 질 확보를 위해 지속적이며 능동적으로 학습자와 상호작용하는 활동을 포함하는 것임을 알 수 있다(안미리 · 손경아 · 김용, 2006).

3 OER 질관리

질관리라 함은 질의 유지와 개선을 목적으로 수행되는 계획된 활동으로, 단순히 사후에 결점이나 잘못을 찾아내는 활동이 아니다. 교육에서의 질관리라는 것은 학습의 향상을 지속적, 적극적으로 지원하기 위하여 교육의 질을 보장하고 향상시키기 위해 사전에 계획된 체계적인 활동들이다. 또한 교육의 전, 중, 후 단계에 걸쳐 지속적으로 특정 준거에의 달성(만족) 정도를 확인해 나가는 과정이라고 할 수 있다.

1) 국내 고등교육기관의 질관리 동향

KOCW에서 제공되는 대부분의 자료는 동영상으로써 강의 등록을 위한 메타데이터 양식과 KOCW 동영상 콘텐츠 기술 표준 체크리스트를 제공하고 있다. 이외에 KOCW의 동영상 자료 품질관리를 위해서 기존의 연구에서 제시된 동영상 자료 관련 표준화 및 품질관리 현황은 다음과 같다.

(1) 대학 정보시스템의 표준 적용(KEM, SCORM 등)

KEM(Korea Educational Metadata)(한국학술정보원, 2004)은 교육정보의 메타데이터 규격을 정의한 것으로 수용자에게 일관성 있는 설명과 검색 서비스를 제공하고 체계적인 메타데이터 관리를 위해 제정되었다. SCORM(Sharable Content Object Reference Model)은 웹기반 전자교육에 대한 표준 규격으로 교육용 콘텐츠의 교환, 공유, 결합, 재사용을 쉽게 하려는 목적으로 만들어졌다.

(2) 초 · 중등 동영상 콘텐츠 품질관리도구

학습자의 학습 환경에 대한 고려와 더불어 단순 교실 수업을 옮겨 놓은 듯한 화면이라 할지라도 교수자에 의해 다양한 교수-학습 전략이 활용될 수 있도록 설계를 고려해야 한다. 뿐만 아니라 학습자와 상호작용이 가능하도록 구성되어야 하며 최종적으로는 학습 목표를 달성할 수 있는 평가 등의 요소들이 포함된 콘텐츠를 지향해야 한다.

(3) 강의 등록을 위한 메타데이터 작성 양식

KOCW와 협약을 통해 강의 자료를 제공하는 교수자 또는 기관이 강의 등록을 위해서는 메타데이터를 작성해야 한다.

(4) KOCW 동영상 콘텐츠 기술 표준 체크리스트

양질의 동영상 콘텐츠를 사용하기 위해서는 적합성 판단을 위한 평가 지표인 체크리스트를 활용하게 된다. KOCW 동영상 콘텐츠 기술 표준 체크리스트 활용은 5분 간격으로 양호(○) 또는 불량(×)으로 표시하며 불량(×) 구간이 20% 이상 되면 부적격 콘텐츠로 판명한다.

〈그림 10-1〉 공개교육자료 질관리 절차유형

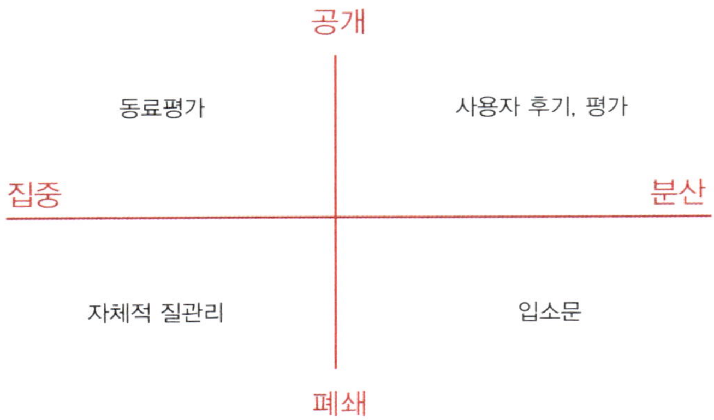

출처: 고등교육 공개 교수학습자료와 정규교육 연계 방안 연구(OECD, 2007: 51).

(5) 기관에서 자료를 제공하는 경우에는 기관의 명성이 질적 수준을 확인하는 방법으로 활용되고 있다. MIT 또는 OCW를 제공하는 대학의 경우 그 대학의 명성이 곧 제공하는 자료의 질적 수준으로 평가되기도 한다. OER의 질관리 방법은 공개의 정도, 중앙집중도 등의 두 가지 축으로 구성된 <그림 10-1>로 구분 가능하다.

2) 해외 고등교육기관의 이러닝 질관리 동향

이러닝은 국제화, 세계화의 원동력이 되고 있으며 UNESCO, OECD, World Bank 등 국제사회에서 거듭 언급하고 있는 이러닝은 ICT 인프라 구축 여부와 정도에 따라 다르게, 각국의 정책에 반영되고 있다. 즉, OECD는 2005년 회원국에게 이러닝에 대한 국가 수준의 종합적이고 합리적인 질 보장 체계 구축을 권유한 바 있으며, 미국의 ISO/JTC1 SC36이나 유럽의 CEN/ISSS와 같은 국제 표준화 기구는 이러닝 분야의 표준화 작업을 활발하게 추진하고 있다.

3) 질관리 요소

(1) 콘텐츠 질관리

초·중등 이러닝 품질관리 기준안을 살펴보기 위하여 한국교육학술정보원, 한국U러닝학회, 한국직업능력개발원을 중심으로 각 기관의 품질관리 목적, 특징, 주요 내용을 분석하였다.

한국교육학술정보원은 품질관리와 관련하여 교육용 소프트웨어 품질인증, 원격교육연수원의 품질관리, 사이버가정학습의 품질관리 등 3가지 사업을 추진하고 있고, 한국U러닝연합회는 B2B 또는 B2C로 서비스되는 콘텐츠를 대상으로 우수한 콘텐츠를 발굴하고 확산하는 방법으로 품질관리를 활성화시키고 있다. 국내 3개 기관의 품질관리 목적, 대상, 특징, 주요 내용을 비교하면 <표 10－1>과 같다.

〈표 10-1〉 국내 3개 기관의 품질관리를 위한 평가요소와 특징 비교

기관		목적	대상	특징
한국교육학술정보원	교육 소프트웨어	학교 ICT 활용 교육의 활성화 및 품질 향상 유도	(초중등)대상의 콘텐츠	콘텐츠에 대한 인증을 한국교육학술정보원 독자적으로 심의를 정보통신기술교육협회(TTA)와 협약하여 품질 심사 실시
	원격교육 연수원	연수원 지정 및 지원을 통한 활성화	원격교육연수원 인가 및 신규 콘텐츠 평가	연수원 인가 평가, 콘텐츠 심사 평가, 연수원 운영 평가를 구분하여 실시
	사이버 가정학습	지역간 불균형해소/운영 모델 제시	시도교육청사이버 가정학습 체제	2단계 평가 적용: 1단계는 추진실적, 콘텐츠, LMS를 대상으로 KERIS에서 실시, 2단계는 현장실사로 시도별로 실시

한국U러닝 연합회	우수한 콘텐츠발굴/확산, 신뢰로운 콘텐츠 정보 제공	기업교육대상 콘텐츠	학교교육보다는 기업교육 대상의 e-러닝 콘텐츠에 대한 품질에 대한 보증
한국직업능력 개발원	기업 훈련기관의 건전성 제고/자율적 질적 향상	민간 직업훈련기관	인증이 행정적·재정적으로 이어짐. 영역별 전문가에 의한 평가 실시

출처: 이러닝 콘텐츠 품질관리 기준안 개발연구(안미리 · 손경아 · 김용, 2006: 175).

품질관리 기준은 국가기관에서 초·중등 이러닝 교육 중심 콘텐츠 품질관리이고, 이들은 국가 교육경쟁력을 제고시키고 콘텐츠 인증을 위한 품질관리나 직업교육이나 평생교육에 있어서 고용보험을 통한 지원 인증업무를 위한 이러닝 평가에 초점이 맞춰져 있다.

4 OER 질관리 가이드라인

가. 콘텐츠 질관리 가이드라인

교육용 콘텐츠 품질관리는 교육 목표를 달성하기 위해 교육 목적으로 활용하기 위해 만들어진 콘텐츠에 대한 품질을 관리하는 것을 의미한다. 교육용 콘텐츠는 교육 목표를 달성하기 위해 유형 및 개발·보급기관과 상관없이 교육 목적으로 활용 가능한 모든 콘텐츠를 의미한다(한국교육학술정보원, 2003). 교육용 콘텐츠는 교육지원용과 교수학습용으로 구분할 수 있다. 교육지원용은 우리나라의 초·중등학교 교육용 콘텐츠 개발이 시작된 1980년대부터 학교 수업의 질을 개선하기 위한 목적을 지니고 있었다. 이후 교수학습용 콘텐츠가 개발되었는데, 교수학습용은 학습자들의 자율, 보충학습을 지원하기 위한 목적으로 교육지원용과는 다른 목적으로 개발되었다.

교육용 콘텐츠 품질관리 사업은 콘텐츠의 품질관리를 통해 질적으로 양호한 교육내용과 교육서비스를 제공할 수 있도록 하기 위한 목적이 있다. 따라서 콘텐츠 품질관리를 위한 평가기준이 구체적으로 개발되었고, 이후 지속적인 수정·보완을 통해 보다 객관적이고 현장 친화적인 품질관리를 위해 노력하고 있다. 즉, 교육용 콘텐츠 품질관리 사업은 교육용 콘텐츠의 품질 제고와 품질인증 결과의 신뢰성을 높이는 것이 가장 큰 관건이라 하겠다.

1) 국내 이러닝 품질관리 기준안 분석

국내 기관들은 초·중등 교육 또는 기업대상의 이러닝 등 각 기관의 주요 평가대상에 대한 품질관리를 위해 평가기준과 이를 위한 가이드라인을 개발하였다. 기업 이러닝 콘텐츠에 대한 평가기준 개발을 위한 첫 번째 단계로 국내 주요 4개 기관들의 가이드라인을 살펴보면 다음과 같다. 각 기관들의 평가기준 가이드라인을 목적과 특징, 주요 내용으로 분류하여 분석하였으며 관련 내용은 <표 10-2>와 같다.

국내 이러닝 학습이 활성화됨에 따라 그 질을 높이고자 하는 노력도 함께 이루어지고 있는데, 이러닝 콘텐츠 평가를 위한 기존의 국내 연구들을 살펴보면 다음과 같다.

노동부 산하 한국직업능력개발원은 기업에서 활용되고 있는 웹 기반학습 서비스의 질을 해마다 평가하고 있으며, 교육인적자원부와 한국교육학술정보원 등에서도 각 시·도에서 운영 중인 사이버 가정학습 서비스의 질을 평가하고 있다. 이를 위해 각 기관은 웹 기반 학습 사이트의 평가 영역 및 세부 항목을 작성하여 활용하고 있다(서영석, 2007).

한국교육개발원(1997)에서는 웹 자료의 교육적인 활용을 돕기 위하여 학습내용, 학습자, 화면 디자인 및 구성, 접근성, 저작자의 5가지 평가 요소를 제시하였으며, 한국교육학술정보원(2008)에서는 웹상의 교수-학습 프로그램을 평가하기 위하여 선정의 타당성, 명확성, 조직의 합리성, 창의성, 윤리성, 매체 적합성, 사용의 편리성, 동기유발·상호작

〈표 10-2〉 국내 기관들의 가이드라인 분석

기관	목적	특징	주요 내용
한국교육학술정보원	- 우수한 민간개발 교육 정보의 발굴 및 지원 - 양질의 교육정보 확보, 보급을 통한 학교 현장 ICT 활용 교육의 활성화 촉진 - 교육용 콘텐츠 질 향상 유도	콘텐츠에 대한 인증은 한국교육학술정보원 독자적으로 심의를 위해 다른 기관과 협약하여 품질 심사 실시	- 학습용 콘텐츠, 학습지도용, 교육자료형, 게임형, 학습지원형, 저작도구형 등 총 6종을 교수-학습 콘텐츠, 교육-학습 지원 S/W평가로 2원화 함 - 학교행정업무 소프트웨어를 대상으로 각각 교과내용분야와 교수설계 분야로 나누어 평가
한국사이버교육학회	- 우수한 콘텐츠 발굴 및 확산 - 객관적이며 신뢰할 수 있는 콘텐츠 정보 제공	학교교육보다는 기업교육 대상의 e-러닝 콘텐츠 품질에 대한 보증	- 학습내용 - 교수설계 - 사용자 편의성 - 학습환경
한국직업능력개발원	- 평가 결과 활용을 통한 훈련시장의 건전성 제고 - 평가 기준 활용을 통한 훈련기간의 자율적인 질적 향상	인증이 행정적·재정적으로 이어짐	- 내용 분과 영역(과정정보/과정내용/수료 및 평가) - 교수설계분과(교수전략/상호작용/평가/학습지원설계/기술
한국대학교육협의회	- 대학의 질적 수준을 체계적으로 평가하여 그 결과를 사회에 공표함으로써 그에 관한 사회적 인정을 얻게 하는 제도	평가영역을 대학경영 및 재정, 발전 전략 및 비전, 교육 및 사회봉사, 연구 및 산학활동, 학생 및 교수·지원, 교육 여건 및 지원체제 6개 영역으로 구분	- 평가 유형: 대학종합평가 / 학문평가 - 평가 대상: 4년제 대학 / 대학원(일부) - 평가 성격: 자율평가 / 동료평가

출처: 국가 e-러닝 품질관리센터 운영을 위한 e-러닝 품질관리 가이드라인(김용·신성욱·안상미·김자미·손경아·전종호, 2006: 8-9).

용·수준별 분지화·학습 통제성, 창의성, 기능성, 정보표현의 명료성, 프로그램의 안정성의 요소로 평가표를 개발하였고(주영주 외, 2001), 한국직업능력개발원(2008)에서는 교수전략, 학습내용 및 평가, 기업 교육적 특성, 자원 설계, 상호작용, 인터페이스 등의 평가 항목을 개발하였다.

2) OECD/UNESCO 기준안 분석

OECD/UNESCO 기준안은 정부 외에도 5개 고등교육 서비스 제공자를 위한 최소한의 기준을 자세히 설명하고 있다.

〈표 10-3〉 OECD/UNESCO 기준안의 내용

품질관리의 주체자	OECD/UNESCO 기준안의 내용
정부	원격교육기관을 포함한 모든 고등교육 기관들이 공정한 등록 시스템을 지원할 수 있도록 종합적이고 합리적인 행정체제 및 질 보장 체제를 갖추도록 한다.
고등교육기관/공급자	국외 영리 및 비영리 고등교육기관의 교육과 함께 새로운 매체를 통한 교육의 전달시스템에 대한 질을 관리하고 관리 체제들의 네트워크를 강화한다
학생/교육수요자	제공되는 정보를 잘 탐색하고 충분한 정보와 과정을 거쳐 의사결정을 하도록 한다.
품질관리기관/센터	각 국의 품질관리 기관을 존중하고 신뢰하며, 각 대학의 미션에 교육 프로그램의 질을 보장한다는 내용을 제시하도록 하고, 우수 사례를 공유하는 국제네트워크를 유지한다.
자격인정/자격증 평가기구	고등교육 품질 보장과 인증 제도를 정립할 때에 원격교육, 외국 기관, 영리기관 등과 같은 새로운 형태의 고등교육 기관들을 모두 포함한다.
전문가	국내·외에서 취득한 자격을 인정할 수 있는 자격 인정체제를 구축하고 고등교육 기관, 질 보장과 인증기관들, 자격 인정과 학위 평가 기관들 및 자문과 정보 센터들과 협력하여 자격 평가 방법들을 개선한다.

출처: 이러닝 콘텐츠 품질관리 기준안 개발연구(안미리·손경아·김용, 2006: 177).

＜표 10－3＞에서 보는 고등교육 서비스 품질관리의 주체에는 정부 외에도 고등교육기관 및 공급자, 학생, 품질관리 기관, 자격 인정 혹은 자격증 평가기구 그리고 전문가 집단이 있을 수 있다. 이와 같이 각 국가에서 국경을 넘는 교육활동은 자체 품질관리기관과 시스템을 필요로 하며, 교육 전반에 걸친 품질관리체제가 필요함을 시사하고 있다. 따라서 OECD/UNESCO 기준안은 국내 고등교육기관의 품질관리와 이러닝 교육과정과 기관의 품질관리 체제를 요구하게 될 것이다. 하지만 우리나라는 아직 초·중등영역의 품질관리뿐만 아니라 콘텐츠, 솔루션, 서비스 영역에 대한 품질관리 기준 및 체계가 기관의 사업단위로 진행되고 있어 아직까지 국제적인 요구에 대응하기에 어려운 실정이다(안미리, 2005; 조은순, 2004).

3) 동영상 콘텐츠 제작 가이드라인 개발

강의공개가 대학평가의 지표에 포함됨에 따라 OCW에 참가하지 않았던 기존의 대학들도 최근 들어서 강의를 공개하는 것에 큰 관심을 두고 있다. 하지만 많은 대학의 경우 강의 공개를 위한 동영상을 촬영하거나 제작하는 데 어려움을 겪고 있기 때문에, 이를 위한 방향을 제시해주고자 동영상 콘텐츠 제작 가이드라인이 개발되었다(안미리·손경아·김용, 2006).

＜그림 10－2＞는 기존 가이드라인의 문제점을 검토하고 해외 사례를 조사하여 시사점을 반영 후 수정안을 1차적으로 도출하여 전문가 의견 조사를 실시하고, 2차 수정안을 도출하여 전문가의 2차 검증을 받아 최종적으로 가이드를 산출하는 과정을 통해 개발되었다. 이와 같은 절차는 ＜그림 10－2＞에서 보여주고 있다.

〈그림 10-2〉 동영상 콘텐츠 제작 가이드 도출 세부절차

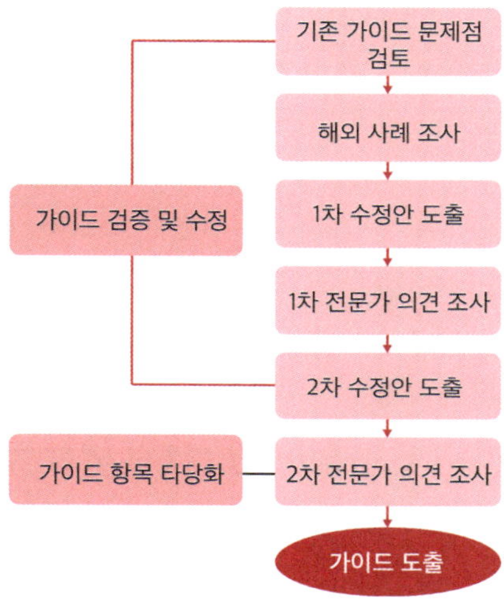

출처: KOCW 활성화를 위한 서비스 품질관리 가이드라인 개발연구(장선영 외 5인, 2011: 52).

4) 개선안

교육용 콘텐츠의 품질관리는 관리자와 제공자뿐만 아니라 실제 콘텐츠를 접하는 사용자도 함께 참여해야 균형 있는 결과를 가져올 수 있다. 국가 차원의 지원을 통해 교육과 관련된 직종에 있는 사람들뿐만 아니라 일반인들도 관심을 가지고 참여할 수 있는 기회의 장이 마련되어야 할 것이다.

OCW는 대학이 자료를 제공하므로 어느 정도 기관의 명성이 질적 수준을 확인하는 방법으로 활용되고 있다(박인우, 2010). 그러나 찾은 자료가 실제 사용목적에 적합한 정도의 우수한 자료인가에 대해서는 보장하기 어렵다. 따라서 OCW의 품질관리를 위한 표준안 마련도 반드시 필요하다.

5 OER 품질인증

교육용 콘텐츠에 대한 무분별한 사용의 억제와 양질의 콘텐츠 유통 및 활용이라는 측면에서 국가 수준의 질관리가 필요하다(한태인, 2014). MOOC이나 OCW에서 OER을 광범위하게 이용하고 있는 미국이나 영국·일본·중국 등의 외국 대학이나 운용 교육기관에 비해 국내 대학이나 EBS 등의 기관에서는 교육용 콘텐츠 중 양질의 자료 선별과 질관리와 관련된 특화된 정보를 제공하는 데는 미흡하였다. 교육용 콘텐츠에 대한 질관리 지침은 콘텐츠의 생명주기에 따라 세분화하여 제시할 필요가 있다. 따라서 자료의 선별도 중요하지만 기존 자료를 재가공하여 활용함으로써 콘텐츠의 생명주기를 연장하는 장치로서의 플랫폼 개발도 필요하다.

이러닝 플랫폼, 콘텐츠 및 서비스의 품질인증을 논의하는 데 있어서 이러닝을 양적으로 확대시키는 방법으로는 두 가지를 생각해 볼 수 있다. 한 가지는 학습관리 플랫폼이나 데이터 교환을 위한 상호 운용성을 확보하여 사용자에게 이러닝 플랫폼, 콘텐츠 및 서비스에의 신뢰와 기대감을 줄 수 있도록 하는 것이다(한태인, 2014). 사용자가 이러닝 서비스나 콘텐츠에 대해 신뢰하게 되고 불이익이 발생하지 않게 되며 나아가서는 교육 생산성이나 효율성이 증대되도록 품질인증을 실행하는 것이다. 다른 한 가지는 기본적으로 사용자의 선택에 의한 평가에 맡겨두는 것이다. 품질의 좋고 나쁨은 그 때마다 사용자의 요구에 따라 다르고 사용자의 수준에 따라 판단 기준도 다르기 때문에 공통적인 품질인증 평가 항목을 요구하는 것이 어렵기 때문이다(한태인, 곽덕훈, 2006).

교육이 이루어지는 전 부분(학교교육, 기업교육, 평생교육 등)에서 원격교육이 빠른 속도로 확장되고 있으며, OER은 개개인의 삶의 질 향상과 평등사회의 원동력으로 여겨지면서 OER 품질 향상에 초점을 맞춘 다양한 시도가 점차 필요해지고 있다. 산업자원부고시(제2008-33호)에 따르면, “품질인증”이라 함은 이러닝 제품 개발이 계획된 품질관리 활동으로 수행되었고 통제되었는지를 일관되고 체계적인 방법으로 평가하여 그에 대한 인증 여부를 결정하는 것을 말한다.

• **품질인증 개념**

공인된 품질과 관련된 절차를 준수하고자 한다면 인증이라는 과정을 거쳐야 한다. ISO 8402에 의하면 "제품은 그 제품의 질적 수준에 대하여 항목 간 기댓값을 충족함으로써 신뢰감을 제공하기 때문에 필요 수준에 따라 품질시스템 내에서 요구사항이 실증되는 모든 계획적이고 체계적인 활동"으로 정의되고 있다(한태인, 2014).

• **품질인증 대상**

학습이 이루어지는 과정에서 구성 요소를 살펴보면, 첫째는 내용으로서 학습 객체로 이루어진 콘텐츠이고, 둘째는 학습 내용과 학습자와 교수자를 이어주는 공간으로서 플랫폼이다. 이 두 가지 요소를 인증 대상으로 선정하여 체계적인 관리를 통해 질관리를 하게 되는 것이다.

• **품질인증 방법**

인증을 한다는 것은 국제표준화기구(International Organization for Stansardization: ISO)나 한국표준협회(Korean Standards Association) 등 공인된 기관의 설정된 기준에 적합한지 확인하는 절차이다.

품질인증에 대한 방법적인 측면에서 분류하면 내부 품질인증과 외부 품질인증으로 구분하여 볼 수 있다(한태인, 2014). 내부 품질인증은 OER 운영 기관 내부적으로 시행하는 것이며 외부 품질인증은 교수자 및 학습자 등 사용자에게 신뢰감을 주기 위해 공인된 외부 기관에 위탁하여 인증 작업을 시행하는 것이다. 결국 인증 방법은 OER 이용자가 바라는 것이 무엇인가를 파악해 이를 수용함으로써 점차 개선된 양질의 OER을 사용할 수 있도록 하는 체계적인 활동이다. 어떤 방법이든 기본적인 것은 책임과 권한의 명확화에 있다. 그러나 점차 사용자의 요구가 다양화되는 현실에서는 절차와 규정에 매몰되어 변화에 즉각

대응하지 못하는 인증 방법으로 인해 품질인증이 OER의 활성화를 방해하는 요소로 작용하지 않도록 유동적인 인증방법을 모색할 필요가 있다.

가. 콘텐츠 품질인증

1) 정보통신산업진흥원(NIPA)

정보통신산업진흥원은 2008년 콘텐츠 품질인증 가이드라인을 개발한 후 2009년 콘텐츠 품질인증에 대한 시범 운영을 거쳐, 2010년부터 품질인증을 심사하고 있다. 2009년에는 총 58개의 콘텐츠를 시범적으로 품질인증하였고, 2010년에는 200여 개의 콘텐츠를 품질인증하는 등 가시적인 성과를 보이고 있다.

2) 한국직업능력개발원

한국직업능력개발원에서 시행하는 콘텐츠 품질관리 운영의 내용을 살펴보면 다음과 같다. 첫째, 인터넷 원격 훈련과정의 콘텐츠에 대한 적정성과 수준 측정 그리고 심사를 진행한다. 심사는 부실 훈련과정의 진입을 사전에 예방하고, 콘텐츠 심사등급에 따른 훈련비용 차등 지원의 판단 구분, 평가영역 배점, 평가자 학습지원 근거를 제공하며 근로자에게 양질의 학습권을 보장하기 위한 제도적 장치를 마련하고자 하는 목적을 가지고 있다. 둘째, 보다 신뢰할 수 있는 품질관리를 시행하기 위해 분야별 전문가로 구성된 심사위원회를 운영하고 있다. 즉, 부적격, 불성실 심사위원의 심사참여 배제를 통해 심사결과에 대한 공신력을 제고하고 있다. 또한 취약 분야 심사위원의 지속적 확충을 통해 심사운영 원활화를 도모하고 있다. 셋째, 훈련환경 변화 및 관련 정책변경에 따른 심사운영체제 효율화 방안 검토 등을 통해 지속적으로 변화하는 이러닝 품질관리에 보다 효과적으로 대응하고자 노력하고 있다.

나. 플랫폼 품질인증

이러닝 플랫폼이란 "이러닝 환경에서 학습자들이 시·공간의 제약 없이 효과적·효율적인 학습을 할 수 있도록 이러닝 콘텐츠를 전달하기 위해 기본적으로 갖추어야 할 물리적 체제 및 각종 기반 시스템"(산업자원부, 한국사이버교육학회, 2003)을 의미한다. 또한 OER 플랫폼이란 교수-학습 활동에 필요한 자료를 사용자가 인터넷을 통해 쉽게 검색할 수 있도록 구현해내는 일종의 서비스 기술을 말한다(신나민, 전명운, 김수연, 2016).

• 품질인증 기준

OER 플랫폼의 품질인증을 위해서는 플랫폼의 '설계', '개발' 및 '운영'의 측면을 모두 살펴보아야 한다(신나민, 전명운, 김수연, 2016). 정보통신 영역에서는 소프트웨어 구조(Architecture)로서 플랫폼 전체의 설계나 구성방법 등을 품질인증 기준으로 하는 경우도 있고, 이러닝이 행해지는 프로세스별로 학습을 도와주는 정보통신기술들의 편의성과, HCI(Human Computer Interface) 기능 등을 기준으로 하는 경우도 있다.

대부분의 국내의 이러닝 플랫폼은 LMS와 LCMS를 포함하고 있다. 그리고 이러닝의 표준 스펙 중 국제표준화에 가장 큰 영향을 발휘하고 있는 표준으로는 AICC, IMS, ADL SCORM 등이 있다.

6 제언

OER 운동의 확산과 함께 많은 사람들에게 대학의 강의를 제공하기 위한 MOOC, KOCW 등이 등장하고 OER에 대한 학습자들의 요구가 증대되고 있다. 학습자들의 요구에 부응하고, 질 높은 서비스를 제공하기 위해서 진행되고 있는 품질관리나 표준화 활동은 산발적으로 생산되고 있는 다양한 콘텐츠들의 질을 확보하기 위한 방안으로 받아들여지고 있다. 그러나 현재 표준화 체계에 따른 적합성 검증과의 연계 부족 및 품질관리 활동 요소들 간의 연계성은 아직 미흡한 실정이다. 따라서 콘텐츠들에 대한 품질관리를 보다 객관적으로 실시함은 물론, 콘텐츠 품질을 하나의 규격으로 볼 수 있도록 표준화의 통합에 대한 적합성 검토가 시급한 실정이다.

OER의 질관리는 향후 OER의 긍정적인 활용과 지속적인 발전에 있어서 기본이 된다고 할 수 있다. 학습자에게 제공되는 OER은 질적인 수준이 높고, 재사용 가능하며, 새로운 가치를 창출할 수 있는 자료여야 할 것이다. OER이 이런 사용 가치를 지속적으로 유지 발전해나가기 위해서는 동료평가, 사용자평가, 입소문에 의한 평가, 기관의 명성 등의 네 가지 유형의 평가가 모두 중요하다. OER이 발전적 방향으로 활성화되려면 이용자들이 손쉽게 OER을 검색하고 필터링할 수 있는 통합된 플랫폼과 표준화를 지원하는 도구 개발이 필요하며, OER을 질적으로 평가하기 위한 간편한 평가 수단과 사용자의 제작에 대한 관심과 참여가 더욱 필요하다고 할 수 있다.

참고 문헌

김 용 외 6인(2008). 초중등 교육 이러닝 품질관리 가이드라인 · (Ver. 2.0) 개발. **연구보고**, CR 2008-5. 한국교육학술정보원.

김광수, 송희헌(2015). 고등교육 교수학습자료 공유 · 유통 및 품질관리 방안. **사업보고**, PR 2015-3. 한국교육학술정보원.

김미량 외 6인(2012), 교육정보 집중관리 체제 구축 및 활성화 연구. **연구보고**, CR 2012-1, 한국교육학술정보원.

김재웅 외 3인(2000). 원격교육기관의 질확보 체제. **평생교육연구**, 6(1), 88-108.

김지현 외(2011). 스마트교육플랫폼 구축전략. **연구자료**, RM 2011-36. 한국학술정보원.

김현철(2011). 스마트교육 콘텐츠 품질관리 및 교수학습 모형 개발 이슈. KERIS **이슈리포트 연구자료**, RM 2011-20, 한국교육학술정보원.

나일주(2015), 「MOOCs 글로벌학습시대 묵스의 이해」, 학지사.

노규성(2014), **플랫폼이란 무엇인가**. 커뮤니케이션북.

박인우, 임다미, 차민정(2010). 고등교육 공개 교수학습자료와 정규교육 연계 방안 연구, 연구보고, CR 2010-12, 한국교육학술정보원.

손경아 외 4인(2012). 블렌디드러닝 허브대학 OER 서비스의 발전 전략 수립. **정책과제**, 12-0, 한국방송통신대학.

송재신 외 16명(2011), 「최신교육정보화론」, 교육과학사.

신나민, 전명운, 김수연(2016). OER 플랫폼 분석을 위한 지표 개발 및 분석의 실제. **교육정보미디어**, 22(3), 561-582.

안미리, 손경아, 김용(2006). e-러닝 콘텐츠 품질관리 기준안 개발연구. **교육공학연구**, 22(4): 171-193.

유경수(2012). 공개교육자원 특성을 적용한 기업e-러닝 콘텐츠 품질관리 준거 연구. 중앙대학교 글로벌인적자원개발대학원 석사학위논문.

윤태영(2009). 교육현장의 저작물 인용기준에 관한 연구. **연구보고**, RR 2009-1, 한국교육학술정보원.

이동주, 임철일, 임정훈(2009), 「원격교육론」, 한국방송통신대학교출판부.

이원수(2013). OER 활성화를 위한 CCL의 개선 방안에 관한 연구. 한국방송통신대학원 석사학위논문.

임정훈 외 2인(2014). 스마트교육 콘텐츠 품질인증기준 개발 연구. **교육정보미디어**

연구, 20(3), 327-353.

장선영 외 5인(2011). KOCW 활성화를 위한 서비스 품질관리 가이드라인 개발 연구. **연구보고**, KR 2011-7, 한국교육학술정보원.

전미경(2014). 대학 강의자원 공유를 위한 오픈코스웨어 컨텐츠 체제 및 서비스 분석. 중앙대학교 석사학위논문.

정효정 외 2인(2011). 방송대 OER 대국민 제공 실행계획 수립 방안 연구, **한국방송통신대학교 정책연구**, 11-13.

최은만(2005), 「소프트웨어공학」, 정익사.

한태인, 김 용, 김자미, 이원규(2010). 교육정보 표준화 및 품질관리 융합방안 연구. 한국학술정보원.

한태인(2014), 「IT 융합과 창의 이러닝」, 에피스테메.

한태인, 곽덕훈(2006), 「이러닝 유러닝」, ㈜한독산학협동단지.

Alexa J.(2006). OECD study of OER: forum report. Internet Discussion Forum: Open Educational Resources Findings From An OECD Study.

Johnstone, S. M. (2005). Open educational resources serve the world. Educause Review. http://www.educause.edu/apps/eq/eqm05/eqm0533.asp

Keegan, D.(1990). The Foundatoins of Distance Education. New Hampshire: Croon Helm, Routledge.

Khan, B. H. & Vega, R, (1997). Web-Based Instruction Course : A Survey, Englewood Cliffs, NJ.

OECD(2007). Giving Knowledge for free-the emergence of open educational resource, OECD publishing.

찾아보기

공저자 약력

신 나 민
동국대학교 교육학과 교수
naminshin@dgu.edu

신 하 균
동국대학교 국제어학원 팀장, 교육행정 전공
shinhg@dongguk.edu

장 상 현
한국교육학술정보원 학술정보본부장, 컴퓨터공학 전공
shjang@keris.or.kr

메루에르뜨 아쓸베코바
동국대학교 교육학과 박사 수료, 교육공학 전공
assylmika@gmail.com

박 종 향
동국대학교 대학원 교육학 박사, 교육공학 전공
jonghyangpark8@gmail.com

김 수 연
한국교육학술정보원 연구원, 교육공학 전공
kimsyeon4949@keris.or.kr

김 솔
동국대학교 입학사정관, 교육행정 · 정책 전공
cat930917@dongguk.edu

장 다 솜
동국대학교 입학사정관, 교육행정 전공
honestyds@dgu.edu

전 명 운
동국대학교 교육학과 박사 수료, 교육공학 전공
jmwoon@naver.com

열린교육혁신을 위한 공개교육자료 OER

초판발행 2018년 4월 2일

지은이 신나민 · 신하균 · 장상현 · 메루에르뜨 아쓸베코바 · 박종향 · 김수연 · 김솔 · 장다솜 · 전명운

펴낸이 안상준

편 집 배근하
기획/마케팅 이영조
표지디자인 권효진
제 작 우인도 · 고철민

펴낸곳 ㈜ 피와이메이트
서울특별시 마포구 월드컵북로 400, 5층 2호(상암동, 문화콘텐츠센터)
등록 2014. 2. 12. 제2015-000165호
전 화 02)733-6771
f a x 02)736-4818
e-mail pys@pybook.co.kr
homepage www.pybook.co.kr
ISBN 979-11-88040-40-7 93370

정 가 14,000원

박영스토리는 박영사와 함께하는 브랜드입니다.